糸井重里

網路式

インターネット的

文庫版序

糸井重里

這本書原本是在二〇〇一年以「新書」[1]型式出版，內容是一九九八年我開設了《幾乎日刊糸井新聞》網站，把接觸網路的想法、感想寫下來集結而成的。

這本書出版了十年後，不知爲何又成了話題。這話由我自己來說，有點老王賣瓜的味道，但據某些讀者說，它「預見了現在的時代」，甚至還聽說有人認爲，「這一切不都已經寫在書裡了嗎？」

這些聲音，都傳到了我耳裡，也傳到了出版社。於是十年之後，《網路式》就這樣以文庫本[2]的形式再出版了。

就這種類型的書而言，算是相當少見的例子。文庫版發行時，我幾乎沒有更動書中的內容，只在用詞上做了最低程度的調整。

譯注1．為173×105mm的小型叢書，內容多為評論、學術、報導。

編注2．文庫本是一種平裝書籍的小型規格，多為105×148mm，比一般版本售價便宜，也較容易攜帶。

不過，我在文後寫了一篇〈續・網路式〉，並不是用來取代沒有刪改的文章，只是把寫完書之後這些年的所思所見寫出來而已。

請別去想哪些觀點是十年前的，還是現在的，先打開《網路式》讀讀內容，應該會有不錯的斬獲。

目錄

第2章 網路式會帶來什麼？

第3章 從工業化社會進入網路式社會

1．前網路式社會的價值觀

第5章 網路式表現法

結語　網路式時代的未來

續．網路式

前言

為什麼現在會是網路式？

連電腦都不需要

網際網路這種新媒體的興起，的確是值得大書特書的一件劃時代大事。可以說它暗藏著數種絕招，輕輕鬆鬆就能完成以往媒體做不到的事。

但是，就我個人的感受來說，網路帶來的某些「網路式現象」比網路本身更有潛力。網際網路只不過是將人與人連繫起來，它本身並不能創造出什麼新事物，全憑使用者如何思考運用，才能決定它能不能變得豐富。

也就是說，網際網路是個「把人連接起來」、「漫射性的連接」、「可以無限壓縮軟體或距離」、「不用等到思慮成熟就能表現出來」等等，讓人的思維自由自在無限解放的空間。於是，生活在這種「資訊社會」的我們，不論是身體、思想、生活方式也都變得網路式了。

網路式這個概念，感覺上比起所謂「網際網路是什麼？」有著更高更廣的意涵。畢竟近來關於網路的言論，看起來大多像是一家只有財務的公司，對我來說，感覺不到什麼吸引力。

若是不連同網際網路周邊的環境一起審視的話，則彷彿把人拋在後面，只有流行的概念陸續浮出又消失。

網路本身並沒有多了不起，我的想法是，正因爲網路能將人與人連結起來，它能不能變得豐富，全憑使用者怎麼想怎麼做。說得極端一點，「爲了達到網路式，連電腦都不需要」的狀況也是有可能存在的。「網路式的概念」沒有辦法一言以蔽之。

而無法用清晰的詞彙來清楚切割它的功能，也許正潛藏著「網路式」深不見底的可能性。

在生活中談論

我開始使用電腦是在一九九七年十一月十日，四十九歲生日的那天。而《幾乎日刊糸井新聞》（以下簡稱爲《幾乎每日》）網站是在隔年六月六日開始啓動，（仔細一想，我的生日是「1110」，糸井的網址是「1101」……不知不覺兩者都可以用電腦二進法來表現，令人有種不可思議的愉悅）。

當時，許多人都把網路、電腦與數位混在一起了。現在我也這麼認爲，我想所有的切入點都把這三者搞混，是因爲人們把它歸納成理科性質的方便事物。也許一般人也把它歸納爲充其量「就是通訊類嘛」。他們的論點是，網路是通訊的工具，電腦也是，爲了生意著想，可以興盛起來是最好的。

但是我想傳達的想法，並不在這個範疇裡。大家經由網際網路連接的瞬間，進行發訊和收訊，既是發訊者也是收訊者。這是我始終想在生活中說明的概念。我覺得它是一個入口，通往沒有人經歷過的世界。

開始經營網站時，我感覺到兩難，因爲我想傳達、說明，或是聽聞、接受的對象，並不是號稱最多二千萬人的網路使用者，而是另外的八千萬人。

我覺得比起「已經在線的人」，更必須傳達給「還沒有上線的人」，甚至如果不能傳達給他們，就沒有意義了。

我想傳達更多給沒有連上線的人，也想從他們那裡接到更多訊息。

這個概念就是現在《幾乎每日》的起點。沒有連上網路的人，與稍微早一點連上網路的我們，該怎麼互相連上線呢——我想這是很重要的一件事。

誠實是最好的策略？

讓沒有連上網路的人，與稍微比較早連上網路的人搭上線。爲了實現這個概念，我想到了一句話：「誠實是最好的策略」。這句話出現在社會心理學家山岸俊夫的著作中，讓我有種茅塞頓開的感覺。如果眞是如此，我所思考的憧憬就可以與現實社會的架構接軌了。

脫去文化的外衣，變得光溜溜之後，就能看到理所當然的事。當幾乎所有的事物，在文化的層層包裹下難以動彈時，山岸俊夫的實驗卻指出「並不是那樣」，眞是大快人心。後面我還會說明，與「網路式」的特徵，即連結（link）、扁平（flat）、分享

（share）連接起來的豐富感受。

我有預感藉由這種感覺的擴散，一般企業的型態或流通等都會產生巨大的變化。包含從營運企業的目的、活動，到全部的一切好像會幡然轉變。

從理念開始完全翻轉，就像可以說出「敝公司是從事這種業務的公司」，變得越來越重要。而呈現出「能待在那些人的公司，眞羨慕啊」的形象，給人好感的做法，將成爲經營本身重要的元素。我認爲這種時代眞的即將到來。

人與人在網路的兩端，緊密的連結在一起。個人在網路上，將自己的經驗與想法編織成所謂「屬人式的」[3]資訊，在彼此關係混沌未明的狀態下，輕易的集合在一起。

就讓我們夢想著那個「網路式」世界，互相競爭、互相分享，也互相滿足吧。

編注3．以人為主的屬人主義、屬人原則。

第1章

網路式

「連接、扁平、分享」的生活與思考方式

1 網路與「網路式」

「網路式」的發現

網路與「網路式」的不同，就字面上來說，就只差在有沒有「式」這個字，不過它卻是個很重要的重點。

當我說「網路式」時，希望各位腦中浮現的是網路本身帶來的所有社會關係變化和人際關係變化。用更容易想像的比喻來說，網路與「網路式」的不同，就有點像是汽車與機動化（motorization）兩者的差異吧！

這個發現，就如同電視草創時期，梅棹忠夫[4]看出將出現「傳播人」這個領域時的感覺。當時，社會上只存在「出版文化人」，從事傳播領域的人，都被認爲是基礎教養不足的後段班學生；然而，製作節目需要充沛的活力和創造力。所以，梅棹忠夫發現

編注4．日本生態學家，民族學家。1920年出生於京都市，京都帝國大學理學博士，主修民族學、比較文明學。

它充滿了魅力，而且感到驚奇。梅棹忠夫的名著《情報的文明學》，開宗明義就是從這個論點開始的。

傳播人，是戰後產生的新職業團體，戰前沒有這種名詞。戰前當然也有傳播事業，也有那領域的從業人員，但是畢竟數量少，沒有形成一個職業集團那麼大的勢力。一直到十年前，民營傳播開始播出之後，才開始大量增殖。才一眨眼工夫，就晉升為擁有廣大人口的集團。

……當然他們不是官僚，話雖如此，但它和一般白領上班族極為不同。他們既不是報人，也不是藝人，只能稱之為傳播人，一種新型的職業集團，就在不知不覺中形成了。民營傳播的發達，在這十年間帶來各種社會成果，而讓傳播人站穩腳跟，成為一種職業範疇，也可以算是其成果之一吧！

引自梅棹忠夫《情報的文明學》，中公文庫，一九～二〇頁從梅棹忠夫以新類型文化職業的意涵，將這種工作命名爲「傳播人」的時候起，《情報的文明學》的概念就形成了。

我對「網際網路」的感覺，也許與當時梅棹忠夫的「驚奇」有點類似。

接近汽車與機動化兩者差異的概念

爲了讓大家容易理解，首先，我想請大家把網際網路想成「汽車與馬的組合」，而網路式，則把它想成機動化。

機動化這個名詞，包含了汽車發明、廣泛普及到社會之後的所有變化。有了車子，就需要車庫，種種需求和市場傾巢而出。貨物的運送方法改變了、旅館改變了、商店街也改變了、約會的方法變了、連約會之前的搭訕方法也變了。人的玩樂方式變了、用錢的方法變了……由於汽車的出現，環繞在它周圍的機動化世界也不斷向外拓展開來。

只不過機動化的爆炸性發展少不了汽車；同樣的，網路式的事物，也少不了網路吧！……不過，似乎也不見得如此，不知該不該說是因爲網路式蘊含的深度，總覺得十分奧妙。

網路是個「傳遞的架構」。換句話說，它是把人產出的資訊「料理」快速送到某處去的「盤子」。其實最有趣的，應該是盤子裡盛了什麼食物，我對盤子本身沒有多大興趣。

但是到目前爲止，我讀了許多本網路的書，說的全是「盤子」與「送盤子的系統」，或「在盤子加上標識的權利競爭」以及「盤子數量」等事，這令我感到遺憾。也許這麼說有些誇張，不過在天然資源缺乏的日本，支持這個國家的就只有創意了。資源本來就貧乏，正因爲貧乏，所以只能多動腦筋。

堺屋太一[5]的書中寫過「觀光客不來日本」這件事。堺屋太一的意思是，國際化進展的時代，觀光客反倒減少的國家不可能變得繁榮。什麼要素會吸引觀光客呢？以後不會是文化遺產，而是軟體。現在人們對網路這種新媒體，還在一味思考它是不是盤

編注5．1935年出生於大阪。日本前政府官員兼作家、評論家。小淵惠三與森喜朗政權期間曾任經濟企畫廳長，曾倡議舉辦網際網路博覽會。

子，以及如何運送。但就我而言，我想站在最極端的立場，「除了盤子裡裝的菜之外，其他的都不用知道」。

寫小說或畫畫、雖有潛力卻沒有身分的人，現在幾乎沒有可以促銷自己的方法。但是，若運用網路，就有可能集結這些人的能量。

我經營《幾乎每日》就是把它當成這樣的空間，但對於找不到其他這種空間讓我很懊惱。作家菊池寬以大眾小說所賺到的錢作爲資本，提供《文藝春秋》的媒體型式，讓文人有發揮所長的地方。這在我把網路當成媒體思考時，給了我很大的啓發。

三把鑰匙之一——鏈結

提到網路式的時候，其中一個主軸是「鏈結」的構想。

複雜的資訊塊狀群組互相連結，就是網路的結構。以往的連結方式，大多是多個有用資訊互相以功能相連。當有人提出「我要做這件事，有沒有這類資訊？」的要求時，另一方遞出來：「有的，你要的資訊，我這裡有。」這是以往「接合」（joint）式的連結。也就是一問一答式的連結。翻辭典就是這種感覺。

但是，「link」的連結方式並不是這樣。不論是「提問」方或是「回答」方，本來都有許多附屬資訊，將它們以有機的方式互相連結才是魅力所在。像是周邊資訊等，會深深的延伸到鏈接末端的另一個鏈接。這個概念才是網路式的最重要關鍵。

試想一個狀況，假設我們要尋找「有沒有能完成這份工作的程式設計師？」擁有程式設計師頭銜的人滿街都是。但是，程式設計師說：「有，我就是。」並不是我們所要的答案。

在這個階段，團隊還無法組成。因爲不知道與這個人合作，工作能不能順利完成。舉例來說，這個程式設計師熟悉什麼？有什麼樣的人際關係？有什麼喜好，性格怎麼樣？有什麼興趣？甚至他是否知道很多美食店、服裝品味是好還是壞等等，他必須是很多資訊的聚合體。

這麼多資訊中，能與哪個部分連結，決定了那位程式設計師能不能加入團隊的因素。所以，就算他在程式設計上算不上頂尖，但如果美食大胃王是我們極重要的企畫，他就會成爲非常重要的人才。

也就是說，「鏈結」的想法裡，有著從乍看無用的資訊連結中找出可能性的特點，這是網路極爲拿手的特點。

又如在搜尋有關大象資料時，對數學產生了興趣，連結到巴黎的大學，與在當地學習服裝設計的女子墜入情網……就像「一起風，桶店大賺錢」[6]形成了一開始完全意想不到的連鎖，這就是「鏈結」的趣味之處。

表現自己的「資訊」

其實，這種網路式的方法，在網路出現之前，大家就已經在進行了。以我知道的某位壽司店的故事爲例，這家店老板並不是傳承自做壽司的名家，但是他熱愛壽司，總是進上等的魚肉，是個把做高級壽司給好顧客吃，當成自己生活目標的大好人。

譯注6．日本諺語，語源來自於起風會刮起風沙，風沙把人吹瞎比例就增加。瞎眼人一多，三味線的需求就增加，三味線要用到貓皮；貓隻數量減少，老鼠就多了。老鼠咬破桶子，水桶店的生意就變好了。

壽司店最基本的要素就是進貨。就算到築地魚市，馬虎的人進貨只會敷衍了事，隨便訂貨。開一家普通壽司店的話，這樣也就過得去了。但想開高級壽司店的人，絕不會以此爲滿足。如果在批發的業者之間沒有一點人脈，想買到上等魚恐怕不容易。

但是，一個壽司店新手不可能有什麼「人脈」。舉例來說，捕不太到花枝的日子，沒人脈的壽司店就買不到上等花枝了。上等花枝都送到老招牌的好店去。批發店把上等花枝賣給進貨時有好眼力、付錢乾脆、有長年來往的老店，想來也是很自然的事。

但是，他充滿了想買到上等魚貨的熱情，拚命的思考、到處尋找怎麼樣才能進到上等的魚貨。終於有些人對他的熱忱產生了共鳴，漸漸的，壽司名店的老板願意在訂貨時加進他的貨量，批發店的少東偷偷把他需要的份留下來。到後來，即使大店都訂不到的魚，他都能以少量訂到。

在築地魚市那種相當傳統的體系中，他獨自建立了新的體系。就原本以往的價值觀中，他只是個「壽司師父」的「新人」，但其實在這裡面隱藏著招牌上看不到的重要資訊，那就是「熱忱」或「了解上等魚」。

再仔細的詢問之下，最被他的熱情打動的，是一家大批發商的少東，他自己在經營魚市前，曾在車廠累積了經銷商的經驗，正懷著熱忱思考工作應有的態度。這裡全然沒有提到網路，但這個故事非常「網路式」。

在心意的基礎下，人與人連接在一起，在一成不變的流通中造成了變化。多虧了他，魚貨也產生了鏈結。在單純的買、賣關係中，加入了「追求上等魚貨」的元素，就產生了「既然如此」的動作。

如果固定的批發商批給固定壽司店固定的魚，是「接合式」的連結方式，這裡可以說是「鏈結式」的連結方式。

以功能與功能、頭銜與頭銜交易的時候，流程不會改變。我認識的壽司店老板，表現出功能和頭銜之外的個人「資訊」（熱忱、眼光），所以鏈結就連起來了。

三把鑰匙之二——分享

雖已知道鏈接是網路式的核心，但是另一個重要的鑰匙是「share」，翻譯過來的話，可能類似「分享」的語感吧。

一個人獨自就能成就的樂趣或快樂，其實並不多見。他人看來再怎麼孤獨的樂趣，事實上幾乎都不能孤獨的滿足吧！

例如，就算是喜好模型飛機的人們，獨自製作獨自欣賞，一點都不好玩，所以他們會聚集、展示、試飛或比賽。與大家一起分享、欣賞個人創作的作品、個人的力量，這種分享在社團的活動中大家應該都體驗過。料理也是一樣，與其獨自默默的「我要獨占全桌的菜！」不如「來，你吃吃看」更有樂趣、也更好吃吧！就算桌上有人說「不要，我誰也不給！」也沒有關係。雖然不知爲什麼，但互相分享就是有趣。這種「分享」的喜悅感受，就是網路式的。

從網路式的思考方式來說的話，企業「獨占」市場這種狀況，也就一點兒也不光彩了。沒有人會感到開心。推動沒有人會開心的企業，可能會被市場的主角——消費者厭棄，雖然這得看今後社會的動向才能下定論，不過從預感來看，結果應該差不遠。

我不是經濟學者，這些話請各位當個玩笑聽聽就算了，但是，現在具備「生產資材」的成本越來越便宜，因此製造業變得容易加入了。

但是，開發市場，或是獲得端出商品或服務的市場，難度卻越來越高。配合生產需求而形成社會這部分，與現實不太吻合。市場不青睞的話，就算有一天製造一百萬個產品的能力，沒有地方可賣，該企業也就無法生存。反之，如果企業擁有一萬名客戶確實信賴的市場，還能製造出沒必要傾銷的一萬個產品的話，企業活動就會維持下去了吧！

想到「市場具有主動權」的背景時，「分享」的想法對企業而言，就變得極爲重要了。企業思考自身的利益雖是天經地義，但以某種形式將該利益「分享」給社會的想法，我認爲更爲重要。

其實這並不是什麼新概念。因爲，原本在公司昭揭的「企業理念」中，應該都寫了

「廣泛貢獻於出版文化」、「協助地區社會發展」等分享的想法。不論哪一家公司，應該都不會做出「最好只有我家拚命賺錢，讓其他競爭對手都毫無招架之力」的宣言吧！

人與企業如果更加重視分享，也許會把既有的社會架構完全翻轉。擅長分享樂趣或美食，也就是擅於「分享」的人，不但能讓大家喜悅，也會獲得眾人的信任。

同樣的，擅長分享的公司在今後的時代，可能會獲得很大的好感吧。

也許有人反駁「有沒有好感，根本不重要！」但那是「生產」主體社會下的思考方式。如果認為支持經濟活動最重要的元素是「市場」，就能明白好感之類乍看甜軟的東西有多麼重要。

資訊集中在大量釋出者之處

網路思想的核心「分享」，在其他媒體中也常常看得到。

以報紙來說，「家庭欄」可算是分享的寶庫吧。家庭欄以「我試做了這個」、「協助地區社會發展」等分享的想法。不論哪一家公司，應該「這麼做好像會成功」等切入點，刊載了許多家事或生活資訊。基於個人經驗或感想的新聞或投書中，用像是多做了很多菜，分送給鄰居的感覺，處理這些資訊。換句話說，它成爲屬人資訊的集中場所。這也是雖非在網路上，但世間有許多「網路式」分享的實例。

剛才提到菜肴的範例，家常菜是非常適於網路的資訊，可以有效率且具體的傳播資訊。例如，如果有個主婦做馬鈴薯燉肉十分拿手，她就可以把食譜（做法）免費的分享給大家。就算沒有送給大家實物，但若能分享美味的馬鈴薯燉肉食譜，很可能在極短的時間內，全日本的馬鈴薯燉肉都變好吃了。

這是很了不起的事。在沒有網路的時候，既不可能一個一個打電話，更不可能把食譜分送給住在遠處或不熟識的人。但是，若能利用網路發布有用訊息，理論上，一眨眼時間就能傳遞給世界上每一個人。

那麼，得到分享的人要做些什麼呢？只要對分享的事物，在心裡說「謝謝」就行了。當然，如果不願只在心裡說，還想寫電子郵件直接向對方致謝，那就更好了。不過，只要心生感激也就夠了，而且，沒有什麼比自己也學會做好吃的馬鈴薯燉肉，更能表達謝意了。這樣一來，分享拿手馬鈴薯燉肉食譜的主婦也會有意願再做下一次分享吧！因爲自己能幫到別人，任何人都會因爲感到開心。

重點是接下來。有人會出現「那麼，我也分享別的食譜給大家、發布給大家」來作爲「答謝」吧。分享與鏈結交織在一起，形成了愉快的連鎖結構。

在過去商業一面倒，或是金錢一面倒的時代，一般人的想法會認爲做這種事吃虧大了。但是，它並不是有害的事，更不會吃虧。光是會讓很多人感到高興這一點，就賺到了「快感」。

此外，事實上，資訊有往大量丟出者之處聚集的法則。當伸手牌的人不論經過多久，還是會繼續「多少要一點」。他們會要大量分享的人或企業「這個也請你分給我」，因而成爲新資訊匯集的交會點。

不論物或事，都是資訊塊。從新一層意義來說，它們都是生產資材，得到這些事物就和取得生產資材一樣的意思。此外，得到分享的人如果覺得這個人或企業分享出來的事物值得信賴，他們就會期待下一次訊息。所以有可能形成一個不定形的市場。

我們可以說，從這種形式就看得到「網路式」的時代潮流。分享的法則也許就和瑜珈的呼吸法近似，只有先大口吐出空氣，才能吸進滿滿的新鮮空氣。

三把鑰匙之三——扁平

網路式的關鍵字，在鏈結、分享之後，還有一個「扁平」的概念。

所謂扁平，就是各人以不具名交換資訊的狀態。資訊交換本身有其意義，所以在網路上，各人的地位、年齡、性別、價值的意義就消失了。有些人不願意失去這些，對他們來說，這麼做沒什麼值得高興。因爲網路建立起來的是「扁平」的世界，好不容易建立的地位也都失去意義的地方。

舉例來說，假設某個公司社長、大學老師等崇高地位的人，十分擅長「修理自行車」。這時候某人騎的自行車在他眼前抛錨的話，那位社長肯定會喜滋滋的說：「來、來，交給我就行了。」然後開始修理。這種狀態與地位或名譽都沒有關係。

這就是網路式的。在看不見對方面孔的網路世界中，由於不知道另一端是什麼樣的人，只有對話的意義和想法存在。不管對方是什麼立場的人，給自己好處就說聲「謝謝」，做了不順眼的事，就暗罵「混蛋」。

不久後，雙方交換了電子信箱，交誼一陣子之後才發現，對方其實是某某公司的社長。這種事時而有之，不過也只成了後話；反之，對方也有可能是罪犯，不管是哪種人，並不需要因爲對方的立場，而改變應對方式。就算自己的立場較爲弱小，也沒有必要爲自己可以發什麼訊息感到畏縮。

說到這裡，想到我朋友發生的眞實故事。他在網路上認識了一個朋友，彼此意氣相投，終於來到「下次我們見個面吧」的階段。他把一家常去的高級酒吧地址傳給對方，告知「我會在這裡等你。」可是對方的來訊卻說「我不能到那裡去。」他去信詢問對方不滿意那家店的原因，沒想到得到的回答卻像場騙局：「我是個小學生，不能去喝酒的場所。」這是個再眞實不過的故事。兩人對某種專業的興趣有了交集，只從網路上的對談，根本看不出對方的年紀。現在，據說他和那位忘年之交全家人都成爲朋友。

扁平這個詞當中，隱藏著不拘禮節的要素，或是化裝舞會、匿名性等幾個關鍵字。但是，那種要素從很久以前就存在了。即使是水戶黃門[7]的微服出巡，也是降低立場，以與大家平等的「隱居翁」身分四處旅行。在取出印璽的瞬間，身分才曝光回到現實世界。也就是有必要與現實世界鏈結時，才會拿出印璽。

說到這裡，我在開始上網之前，曾在某個布告欄上用了本名「糸井重里」，網上立刻議論紛紛，「你騙人吧」、「怎麼可能？」瀰漫著微妙的氣氛。這是因爲糸井重里這個帶有相當地位的名字，貿然跳進扁平的世界，攪亂了扁平的關係。

在這層意義上，在網路上的互相應對不用本名而用筆名，並不全是壞事，那可以說是爲了讓所有人平等的某種發明。所謂網路，也可以說是某種化妝舞會。

譯注7．江戶時代水戶藩主德川光圀的別名，民間以他為主角描寫他匿名周遊民間，主持公道的故事。

價值觀的扁平化

即使在化妝舞會式、平起平坐已經日常化的網路中，也會建立起另一種地位，有的人受到敬重，有的人遭人鄙視。

其價值的尺度則依每個集團而有所相同。在某些場子，受到敬重的也許是親切的人，到了另一個場子則是有專業知識的人，更有在某個場子裡擅長搞笑、說話有梗的人能成爲英雄，與他的社會性立場或地位完全無關。所以，在各自的場子裡，大家都熱衷於提升自己地位的遊戲。

這裡產生的競爭，也是不亦樂乎。因爲在扁平場域裡的競爭，非常便於產生新的價值。

我想像著，說不定傳說中沙特和波娃匯聚的那家歷史性咖啡館，也跨越了有名、無名的藩籬，飄蕩著許多人互相競爭創意的氣息。

「競爭吧、分享吧」也是我思考出的網路規則。

價值觀當然也變得扁平了吧？以往社會的價值體系，漸漸不再是任何人都願意接受的觀念。未來，個人會視自己的價值觀，自由地更換優先順序吧！以前大家覺得「大家的優先順序保持一定」，社會才會安定。金錢最重要、主管的命令優於家庭需求，XO和啤酒當然選貴的喝……。

大家擁有相同的優先順序，支撐著社會的常識。但是那種常識現在已經下降到紅白歌唱大賽的收視率水準了，因為有近半數的人可能感覺「那只是按照慣例在思考」。如此，在豐饒的社會裡，若想用以往的價值觀，在經濟、文化上建立「價值的三角形」（階級制度）會漸漸產生困難。以往常有人說，價值是多樣化的，但我認為並不是價值多樣化，而應該是價值「排行的多樣化」或「價值順序的調整成為個人自由」了吧！

價值的三角形「啪答」倒下，變成扁平，於是男女老少在重視自己的優先順序的同時，擔任各自的角色。這種各司其職的船務人員的集合，就是我們未來社會的樣貌。

從網路上種種的聚集，可以一窺這種跡象。但各位不覺得，現實社會也已經變得「網路式」了嗎？

另一把鑰匙——全球化

網路式中還有另一把鑰匙，叫做全球化。

大家需要一個超越國家、民族框架、全球規模的觀點，它會變得很容易具備。以往是一個既有的國家這種共同體，未來會變成複雜相鏈結的形式。

這裡很可能會有兩種相反的驚奇，一是「世界比想像的更廣闊」，另一種是「世界比想像的更狹窄」。

只是，羞於啓齒的是，我這個外語低能的人，對於這網路的另一個驚人特點「全球化」概念，難以用個人體會來說明。

至多我只能在讀到《幾乎日刊糸井新聞》讀者的即時來信——「現在正在嚴寒的西伯利亞讀你的新聞」時，讓思緒馳騁到彼方。

關於這一部分，請容許我不得已草草結束。

不懂「孤獨」的不幸之人

我們《幾乎日刊糸井新聞》是以網路作爲媒體，每天傳遞出一點文章。在這個網站上，我用一句標語來歸納我所認爲的「網路式」。

那就是「Only is not lonely」。

剛開始時沒想太多，我只是想找句話送給第一次上《幾乎每日》的朋友。從一九九八年創刊開始，有一段時間，我們的標語是「It's getting better all the time.」。記得這句話的人，算是《幾乎每日》相當忠實的老粉絲吧！那時候登出這句話，有點像是「欸，現在做了這樣的東西，以後應該會慢慢變得更好，敬請期待」，帶著解釋兼問候的味道。

不過後來我想，總不能一直在「慢慢變得更好」吧，而且也太平凡了。更何況這個標語是直接拷貝披頭四的歌名，把非原創的東西當成門口的招牌，對於總把「創意很重要」掛在嘴上的我來說，就像穿著借來的衣服一樣不自在。

仔細想想，我也當過廣告文案呀，我訓斥自己，幫別家公司想標語，寫流行廣告語，可都有拿稿費，爲自己的網站想標語這種小事，應該沒問題吧！

愛書人可能都知道，新潮文庫的標語是「想像力與幾百塊」。這是我相當久以前做的。不過現在還在用，代表它還沒問題。我想爲自己的《幾乎每日》做一個這種程度，甚至更好的標語。

首頁刊頭下方的「網路，從玩膩的人到入門的人」[8]就是所謂的標語。就我本業來說，會根據「持久性佳、簡單好記」的原則來思考。相比之下，這個比較容易記憶。但是，我想表達更「精神性」的部分。

我希望用一個永恆的句子，精確表現《幾乎每日》的心，讓人覺得「就是這個！」。這是《幾乎每日》版主darling，向廣告文案糸井重里遞出的高難度訂單。

我認眞想過了。嗯嗯，然後，我想到的就是「孤獨」二字。

沒有比「孤獨」更可怕的玩意兒。一個人不懂「孤獨」就沒有魅力。很久以前，我

譯注8．《幾乎每日》初期的首頁刊頭下方有「網路，從玩膩的人到入門的人」的標語。

曾經公開說過「無法想像獨處時是什麼表情的人，我不想跟他來往」這種盛氣凌人的話。因爲我覺得不管平時再怎麼活力充沛的人，「夜闌人靜一人獨處時，一定也會露出另一張落寞的臉」吧！

反之，也有人總是只表露出與集團和組織配合的臉。從來不曾感受到「說不定我會被世界的某人或某事拋棄，只剩下我孤獨一人」那種不安，也許是不幸的。

不過，會自殺的人，或犯下不可饒恕罪惡的人，據說在行動之前，都處在「孤獨」之中。當時若不孤獨就不會走到那個地步的案例，不勝枚舉。

三支鑰匙的象徵——「Only is no lonely.」

至於坐在網路螢幕面前盯著它看的人，歸根究柢是孤獨的。我知道這種說法太武斷了，但是這種身影總不能算是不孤獨吧！自己抱著「也許我誰也不是」的想法，尋找遠方人兒的身影，從小小瀏覽器畫面窺看世界。廣告文案糸井重里在想，網路是不是用這種感覺具像化了呢？

但是，從瀏覽器窺看的世界，未必對每個孤獨的人都那麼冰冷吧？當你感覺畫面的另一端，有個人也用同樣的眼光看著孤獨的自己時，「孤獨」與「孤獨」之間產生了聯繫，「孤獨」的情緒也就結束了。

在另一側發現的孤獨如果鼓起勇氣，給你一個假笑，孤獨的你也許也會受到牽引也回贈一個笑臉；另一側的孤獨看到了你的笑臉，鬆了一口氣，也許就會把假笑換成眞正的笑臉。有些人可能覺得，這麼做就算拂去了孤獨，但也是虛幻的聯繫；也許也會有人皺著眉說，這跟從前所說「手牽手，我們是兄弟」的那種訊息，好像不太一樣。

但是，我是這麼想的。

「孤獨」是人類存在的前提。「孤伶伶」是人類天經地義的面貌。除了小寶寶之外，不會有像母親那種「世上只有你最重要，活著全爲了你」的人。但是「孤伶伶」與「孤伶伶」可以聯結，偶爾會有共鳴、偶爾會有矛盾、偶爾會互相合作，這也都是理所當然的現象。

不過度連繫，但知道相連著，也許在網路上可以實際感受到這種關係。雖然「孤伶伶」，但是並不是否定的「孤伶伶」，雖然孤獨，但並不孤獨。

我想做一個這種感覺的網頁，所以我們創立了《幾乎每日》。

我並沒有特地去翻字典查找「孤獨」這個單字，但是心底無來由的浮現出「lonely」和「only」這兩個字。「only one」這個詞聽起來十分響亮，個性本來就是獨一無二的。可以聯想到沒有其他值得爲伍從流的夥伴，大家孤立於群體中，而這些人時而聚合時而分散的景象，令人嚮往。

但是，only one的狀態，確實是無從依靠的、是辛苦的，而且會感覺相當寂寞。眞的會很寂寞啊！但是，如果大家都理解這種狀況，大家都是only one，任何人都是寂寞的。所以我們可不可以說，既寂寞又不寂寞呢？

Only one is not lonely one.

雖然有些硬掰，不過就這麼定下來了吧！之後，我猛然瞥了它一眼，發現Only和lonely並排不好懂。以這個理由刪去了兩個one字。我想在英文中好像不太正確，所以請以英文為母語的人幫忙確認。很遺憾，對方果然說「正確就表示不好讀」。但是，管它的，就這麼做吧！於是寫在《幾乎每日》首頁的那行文字，就這麼問世了。

不過，我這是貧瘠後台的閒談，也許跟大家抱著自己的心情，任意、自由感受的「Only is not lonely.」不一樣。若真是如此，那種狀態下就以你所想的為準吧。

第一章裡，我以「連結」、「分享」、「扁平」、「全球」等幾個名詞整理解釋了網路的概念。沒有時間做這種整理時，我就會想說，網路式就是「Only is not lonely.」。我真心認為光是這句話就夠了。

2 進入網路式世界的指導手冊

WHOLE（完整）交出去的可能性

我想各位已大致了解「網路」與「網路式」的不同吧？

接下來，我再具體說明「網路式」的特徵。

首先是可以全盤的交流。

很想全部傳送出去，但不得已只能交出精華，或是傳個精簡整理的重點，這種狀況不用再發生，可以完整與人交流。這才是如假包換的網路式。過去資訊常有容量的限制，無法全部傳送出去，但是在網路上，可以「相當於全部交給別人」，傳達完整的資訊。

以往像是雜誌或電視對談，不論聊了幾個小時，都只能精簡成三十分鐘，或是四頁的篇幅發表。當然，爲了配合讀者的方便，這種形式也有好的一面。但明明參與現場的人，可以享受整場的樂趣，甚至連無意義的談話都包含在內。但讀者或觀眾等卻只能領略到編輯過後的簡短內容。

電視裡所謂的時間，雜誌頁面的篇幅，就像房屋不動產一樣價值不斐，所以不管內容再怎麼重要，也不可能太任意的使用。

然而，在網路上，沒有必要以時間或篇幅等不動產的價值來掌握，所以三小時的對談，可以完整的以三小時來呈現。有時連無關談話內容的部分，也都可以不經編輯刪剪的發表。

發言者本身的個性往往在「接下來要說的與主題無關」等話題的選擇方式中顯露出來。所以我覺得這是思考網路式這個概念相當重要的要素。包含缺點和看似無謂事物的整體交流，類似知己閒聊的形式，是任何人都有過的經驗，但是都被避免用在媒體上，或是將商品送出市場的時候。

我想今後的未來型商品，可能將包括閒聊的WHOLE（完整）傳達給消費者。

現在，這些訊息都會由雜誌等公共資訊來補齊，但未來將會是企業積極公開的時代。包含雜談、雜音的表現「WHOLE」的資訊，我認爲是極度網路式的。

雜談的效用

這種網路式的思考，可以說是更屬於生活領域的。

一般「定義」的夫妻，也許會是共用經濟與性的共同體，但大家都知道不可能用這種形式來表現。它還交織著更多不明就理的、謎一般的時間與經驗。

總之，這裡必須用包含雜音與雜談等元素的整體來考量，才能看得清楚。這種說法宛如古人的智慧箴言，不過，這裡可說已經潛藏著網路式的要素。不只是夫妻，其實幾乎所有個人的人際關係，都不是只以功能，而是以「WHOLE」來連結。

不可否認的，從前公司組織的連結確實以功能爲主。那是因爲企業組織是爲了達成「目的」而建立的體系。而將它發展到極致的型式，就是「軍隊」吧！

但是，即使是這種組織，肯定也漸漸需要更多雜談式的東西。因為越來越多已經萌芽的想法，例如認為不准女性進入會議的組織太僵化等，會慢慢獲得認同。

網路式以「WHOLE」來連結之後，公私區隔的界線會漸漸變得模糊，有時可能會阻礙效率，但也會提高創造力或強化加乘作用。不論是哪一種，我認為所有的關係，都會變得像網路一樣，換句話說，就是變得網路式。

未成熟的想法結晶化

另外，網路可以貿然展現還沒有形成文字的想法。

人類思想的範圍廣大、深邃，沒什麼道理的程度，幾可與宇宙匹敵。人將其中的極小一部分思緒或想法連結起來，當作「自己的想法」、「自己的思考」。但是，畢竟發表或說出來的想法，只是那個人思緒或想法的一小部分而已。

目前，網路所能表現的，還只限定在語言和圖像形成的東西。但即使是語言，在網頁的畫面上，有時書寫者還沒有成爲文字的思想，也可以用未成熟的狀態結晶化。

例如，打開對自行車學有專精者的網頁，在他說明自行車這種交通工具的言談中，也許會噴湧出那個人尚未整理好的思想。

某個思緒還未成熟，以暫時的語言結晶化，就是網路式。剛接觸到網路時，我對它十分感興趣。因爲從電視或企業的行銷部門調查中，從沒接觸過這麼新鮮的思想。

網路還在過渡期，所以就好像照相機十分少見的時代，看到把玩相機的人就覺得很酷一般，網路上不少人會刻意用些艱難詞彙，試圖提高自己的價值。

可是，「會使用」機器和工具，是一種操作。操作與創意是不一樣的。例如，開車是操作，但可以在賽車中獲勝的駕駛技術就超越了操作的水準。新機器或工具剛問世的時候，操作者永遠都會受到重用，但是一旦機器性能提升後，「只會使用」的人就沒有用武之地了。

我在與網路打交道時，不太考慮操作面的提升，只考慮每天持續發行《幾乎每日》的內容，和發行《幾乎每日》之後，讀者爲何者而喜而悲。我雖然從事網路這種看似新穎的事業，但毫無疑問的還是思考著人性的種種。

考慮人性、思索人性，是人類自古以一直在做的事。人是生物，鮮活的、難以參透的動物。但我認爲面對這種參透不了的動物，每天致力於溝通的實踐練習很重要。參加考試，盡力而爲，千萬注意不要變得只會「紙上談兵」。

盡其所能的把自己的想法、想做的事展現出來。不要擔心靈感會不會用完，往後還有沒有更好的用途等問題，只要盡可能的展現出來，若是最後眞的枯竭也沒有辦法。若不抱著這種想法，根本沒辦法天天產出「新聞」。雖然很恐怖，但也是件相當樂在其中的事。

先傾囊而出

國中時讀過的瑜珈書上寫著「持續吐氣，吐到盡頭時自然會吸氣進來」，讓我相當佩服。當我實際有了體悟之後，傾囊而出的思考方式就成了我的習慣。經常會遇到和剛才呼吸哲理相似的狀況。

說個題外話。洗澡的時候，浴缸裡的水若是冷了，就算再怎麼努力把溫水往身上倒，浴缸的水也熱不起來。反之，若把身邊的冷水往遠處推，卻會漸漸暖和起來。我個人很喜歡這種小小的發現。公司也是一樣，不論用了多少優秀人才，已經冷掉的組織很難再熱起來。這個例子也可以用在男女關係上，已經冷掉的心不論再怎麼注入熱情，恐怕也很難挽回。

再回到正題，經由網路，我們較容易在正式表現前進行思想的交流。就算論文、企畫書還沒有完成，但也可以隨興的傳達充滿可能性的想法。畢竟在等待完成的時間，世界仍在向前走，經常會發現那些發想中點子已經過時了。

在點子或靈感尚未茁壯前，試著向他人丟出點什麼，如果很多人回應：「雖然還不成熟，但感覺頗有潛力」的話，那就可以放鞭炮慶祝了。因爲即便是自己獨力無法完成的想法，在接收者的協助下，也許可以創造出出色的現實。

我自己開始在網路上寫文章之後，文體明顯有了改變。我會寧可犧牲文章的完成度，而把盡快傳達出去放在第一位。

我不認為這麼做沒有缺點，但是，試著把半完成的點子先丟出去，等有更好的想法出來後再修改就行了。加上「不過還沒有整理得很完善」的但書，盡情的傾囊而出，付諸實行的機會也會增加。

丟出大量資訊者、提供豐富服務者的園地，通常都會匯聚很多好情報，所以，不待完整便源源不絕的提供取悅大家的訊息，也是一種搜集好情報的方法。

毛——「有毛者即為獸」的衡量器

話題稍微轉個彎，讓我介紹一個有助理解「網路式」的話題。

我有個朋友，就是為〈口袋怪獸〉動畫寫歌詞而聲名大噪的戶田君（戶田昭吾），有一次告訴我他做的夢。

以前在「隧道二人組」[9]的節目中，有個「摩唧摩唧君」的單元。成員像溜冰競技

譯注9．崛起自1980年代的日本常青搞笑組織，由藝人石橋貴明與木梨憲武組成。

選手黑岩彰一樣，頭頂戴著滑溜的帽兜，穿著太空人般的服裝。那天晚上在戶田君夢中出現的人，個個都穿著那種衣服。但是仔細看又不一樣。

衣服的造形雖然相同，但料子不一樣，好像是鋁或鉻鍍金那種銀色的衣料。再仔細一看，共有兩種，其中一種有毛。「○○和○○穿銀色，而○○、○○和糸井先生有毛。」

簡而言之，就是夢中的未來人類，穿著仿摩唧摩唧君的衣服，但有銀衣和毛衣兩種。大致說來，喜好電子音樂的人穿銀色，這些大多是喜歡胡椒博士（Dr. Pepper）汽水之類人工調味飲料，或是愛打電動的人。而穿毛服的大多屬於八拍子音樂、說話用詞粗魯，飲料也喜歡咖啡或茶的人。

這個流傳許久的「戶田之夢」畫面，漸漸在我們周邊發酵。銀與毛的對比，似乎可以運用在各種層面上。不論是電影、繪畫、音樂還是人，好像都有銀與毛的區別。

例如，椎名林檎是以銀爲裝飾的毛嗎？宇多田光算是長了毛的銀吧？北島三郎是毛，藤彩子[10]是薄毛？龐丘伊東[11]……這個肯定是毛。我到底在說什麼？

10．日本演歌歌手。
11．1934-2002，日本著名棒球球評，本名伊東一雄。

棒球選手整體來說，大多都是毛人，但鈴木一朗算是相當銀性。足球的中田英壽選手也很銀吧？在飲料中，啤酒屬於毛，但淡啤酒就是銀了吧！白飯當然屬毛，麵包也相當毛，可是零嘴洋芋片是銀的。

這銀和毛的分類有趣的是，任何人不知爲何都可以理解。雖然很難解釋，但其中有個法則存在……。

所謂的毛，大概可以算是某種野生程度，雖然這麼說太過直白了點，既然是毛，就該去想毛本身的含義。留著腿毛，當然毛度很高，刮了腿毛，毛度就低。

腿毛什麼意義？毛又怎麼解釋？

我覺得它會不會就是「有毛者即爲獸」的衡量器呢？人類的歷史從古到今，一路都是往去毛的方向前進。

不是「銀」而是「毛」的媒體

自類人猿時代到現在，人類照著養老孟司教授的「腦化社會」[12]，發展時越是進化，毛就越少。再這麼繼續，人類應該會完全無毛了吧？

人類的毛，現在只留下裝飾用的頭髮，和保有「野獸」氣息的生殖器周邊「部分」極有限殘存的狀態。文化上的性雖然是發自腦的，但生殖在某種意義上與大腦對立，所以「某個位置的毛」的存在，也許也將走向危殆的境地。

但是，我屬於毛性人，我認爲把所有人銀化有其困難。聽到美國知識分子在話語中，偶爾夾雜髒話的時候，我心裡也會暗叫：「看吧，還不是會說……」因爲我覺得，他們是在完全銀化的生活中找回一點毛。

舉個也許不太適當的例子，犯罪或變態的世界，雖然看起來也朝銀化演進，但其實仍舊散發出「毛之復仇」的氣息。這麼說起來，氣味和毛之間的關係密不可分啊。

我是抱著把一般人很容易認爲非常銀的網路，當作毛來運用的意志，創立了《幾乎

譯注12．日本知名解剖學教授、社會評論家養老孟司認為，除了自然物體之外的所有社會體制或建設，都是人腦製造出來的產物。而且社會的架構正可以反映出腦的「結構與功能」，所以，可以稱之為「腦化社會」。

每日》。我在本書中試圖揭示的「網路式」概念，也是相當「偏毛的」。

站在網路兩端的是擁有豐富情感的人，亟欲展現每天的喜怒哀樂、特性鮮明的生物之一。以往一直往去毛方向前進的人類歷史，憑藉著網路的發達，似乎能平衡的反轉到「心靈增毛」的方向。那種感覺就像是初生嬰兒光溜溜的腦袋，漸漸長出柔軟胎毛的樣子。

也許各位會覺得前面全是胡說八道，不過把這個半生不熟的思想，原封不動的奉上「請大家享用」，也是一種網路式。

總之，一言難盡

我想談談邱永漢這個人。

邱永漢對於網路的發展，做過相當精準的預言，而且也是《幾乎每日》的資深撰稿人。在某種意義上，他算是網路的奇才或是鬼才吧（已於二〇一二年去世）。

但令人驚訝的是，邱永漢並不用電腦。他投稿到《幾乎每日》也並不是用電子信箱傳送，而是把用鋼筆寫在稿紙上的文稿，從台灣、香港、中國、日本等地傳眞過來，怎麼看都覺得好酷。

邱永漢即使不接觸電腦，也能悠遊自在的使用網路媒體。既是全球化，也有即時性，他寫的稿子總是小心確認過讀者的反應。

這麼一來，網路的最底限元素並不是電腦了……他人的電腦就是自己的電腦，所以操縱他人電腦的技術，也是自己的技術了。但邱永漢從一開始就壓根兒沒打算學會操作電腦這種工具，只是在思考拿這個工具做什麼用。各位不覺得這種連結的方法，就是網路式嗎？

就算不知道飛機怎麼飛，也可以坐著它到處飛。也就是說到處去做些什麼，才是眞正善用飛機。前面也說過，未來單純的「理解」或單純的「使用」，在優先順位上都會排到後面去。

在邱永漢連載的專欄中，有一篇談到「從外國人的眼光看自己的城市」，吸引了我的注意。現在我對住在日本的外國人非常感興趣。

他們對於不需要的阻礙，會直言「不需要」。因爲光是這樣，能做的事就多了好幾倍。對於軟弱的人施予廉價的同情：「嗯嗯，你的感受我理解。」然後一起失敗，對彼此而言都是不幸。多想想對方以軟弱的狀態能夠做到什麼，自己又能幫到什麼忙，才是重要的。

我想用不同的觀點來觀察周遭，想刻意的將自我分裂成兩半。提升自己心中他人的成分，才能清楚看見以往看不見的部分。這是我從邱永漢專欄中得到的想法。

不會用電腦的邱永漢，其實更具有網路式的意識呢！

第 2 章

網路式會帶來什麼？

《幾乎每日》誕生的機緣

四十五歲的時候，我對創作產生了危機意識，真真切切的感受到，照這態勢發展下去，「有一天恐怕會沒飯吃」。

「就算現在一帆風順，但在這個體制中，也許創作者有一天會被淘汰。所以若不趁著現在自己還能靠創作吃飯的時候做點改變的話，人就會在一點一點屈就中死去。」

因爲有這樣的感覺，總之得要改變一下走向。

首先，我直覺的想到先決條件是改變現在「居住地點」。我必須暫時遠離現在看起來安樂的業界與自己的位置。我本來就是個急性子，一想到點子就希望盡快去實行。因此，如果有個遠離自家，像姆米谷（Moomin）[13]那樣山裡的地方，就在那裡裝個天線什麼的，在山上與自家往返吧？而那個姆米谷，就是網路。

產生危機感的原因是，我發現創作領域的人，在財權勢力的關係上處於極度的弱勢。四十五歲以後，我周圍的人不是經營拿手工作，成爲所謂「大師」，就是靠著存款

編注13．芬蘭作家朵貝．楊笙（Tove Marika Jansson）的童話系列名稱，亦是故事中主角家族的名字。這個家族住在以芬蘭的寧靜山谷為背景的姆米谷。

過日子，除了這兩條路之外還能在這行走下去的人，一個都沒有。只能選擇成爲有企圖心的貧窮達人，或是被迫走向隱居終老之路而已。

……既然如此，不如暫時脫離這個世界吧？

迎接不惑的幾年之後，我有了這樣的想法。那也正是在我經歷過風風雨雨，終於能自己決定優先順序，知道哪些不能失去、哪些可以放掉的時候。

但是，我莫名的在意起一些以忙碌爲藉口，而拖延下來的問題。這讓我反而看不見未來。我開始思考「幸福究竟是什麼？」之類的問題。而且非常巧合的是，相交甚久的好友矢澤永吉[14]，大約同一時期也正在準備寫一本書，書名叫《Are You Happy?》。後來想想還眞有意思，我和他幾乎同年，同樣都經歷過規模大小不一的高度成長期和泡沫崩壞，然後走進中年。

至於看不見什麼樣的未來呢？舉例來說，十年後假設我被某個企業網羅，成爲廣告相關事業的顧問。假設這樣每個月可以領到二十萬的薪水，若是承攬四家公司的話，當然我可以過著十分優渥的生活。但是依我的性格，做那樣的工作卻是相當痛苦

編注14．一九四九年生，搖滾歌手。

煎熬的。我有自信隨時能提供高於二十萬價值的好點子，但是我也有可能因爲「不想被人炒魷魚」，全力守護自己的立場，我不敢斷言絕對不會，但我不想變成那樣的人。

但是，如果我沒有其他可做的事，也許眞會成爲那種人。一旦處於想保住工作、「不想丟掉這個位置」的立場，就得看企業中各種人的臉色做事，這麼一來，就無法在創意上勇於冒險。到那個地步，也就失去了創意的意義。既然是拋出點子的一方，就必須懷有「這筆錢我可以不要」的志氣，否則做起事來便會左支右絀。

我看著比自己年長的創意人，心裡明知「那條路不對吧」，但是看來看去，除了走那條路成爲所謂的大師，或是到學校教書之外，好像沒有別的方法。

那麼，靠著創意生活下去，只能寄生在社會裡過日子嗎……？

可是，我認爲創意可以說是社會的全部，所以從事創意工作的人，爲什麼必須式微、不得已的寄生於社會上？這種方式總令人覺得很討厭。

只有創意才是價値核心

創意、創造力是建立社會核心的元素，甚至可以說是人類智慧的全部，然而在《螞蟻與螽蟖》的寓言故事中，卻以螽蟖凍死作爲結束。儘管它留下了悠揚的演奏和美麗的歌曲。

只有退休或是擺架子兩種選擇，讓我心中湧出一股無名火。看看周遭或幾個前輩，眞的看不出可以走的路。

其中，稱得上資深自由工作者的思想家吉本隆明，告訴我一句話。

「像我這種笨拙的人，解決不景氣的方法，就是盡可能的多接案子，對於別人委託的工作，一定加倍做好。只能靠這種做法捱過困境。」我覺得吉本隆明的話很有道理，所以也一直認爲只有這樣的方法。

據出版社的朋友說，以前炙手可熱的幾位作家，最近的境遇都相當艱難，這種例子似乎數不勝數。

我感到非常淒涼。落到這種景況，是因爲支付給作家創意的代價太少的緣故。

在那種艱難的狀況下，雖然偶爾也有例外，但是我還是覺得另有正職，同時從事創作的方式似乎比較好。兼職的作家可以全力灌注在少量作品中。我總覺得必須抱著投不中也無所謂、反正賺不到錢的心態去創作，才有可能成功。

即使是森鷗外、夏目漱石，也都是另有固定職業，而用「另一隻手」來寫小說。在靠創作無法溫飽的時代，他們都是這麼做。就算是現在，作家從事可靈活運用時間的職業案例也有不減反增的趨勢。

就以農業的事業化來說，事先設定好收穫的目標，爲達到商品化的目的而在田地遍灑農藥，結果爲了收穫預定數量，很快的土地就死了。所以，如果我把自己參與的創意、創作工作，當作目標設定型事業的話，恐怕結果會相當悽慘。爲了確實獲得工作，而大撒農藥的話，可以預料到原本的土地眞的會完蛋。

對創意工作來說，拓展原野式的開拓經營，會比定置型農作好。與其按表操課式的勞動，沉浸在自在遊蕩的狀態，反而更能活力充沛，效率也更好。

在我看來，網路似乎可以突破剛才我所說的、雜亂無章思考出來的狀況。既不用看雇主臉色，拿出實力做事，更重要的是自己就能擁有媒體，而且，它也許還可以匯集和我一樣、爲「越走路越暗，未來怎麼辦？」隱憂者的心情。

想傳達更多、接受更多

一九九七年十一月十日，我開始用電腦。那時候我手邊有的，是有生以來第一台電腦、上網的軟體（瀏覽器）和電子郵件軟體。只不過這兩個軟體，是買電腦附贈的產品，而我所知道的網頁，只有搜尋引擎「goo」和「Yahoo!」而已。

雖然我只有這些工具，但買不到三天，我已經黏在電腦前，連覺都捨不得睡了。第一次接觸到電腦，給了我相當大的衝擊。有了網路這個玩意兒，世界將會有多大的改變啊——我抱著模糊的預感，興奮莫名。

那時候據說日本的網路人口約有一千萬到二千萬人，最低限度也有三百萬人。也正是熱烈討論網路商務的前景、通訊速度的進化與物流革命的時期。但是讓我心情沸騰的預感，討論中卻一點也沒有提到。讓我感到雀躍的網路，並不在那些話題當中。

許多人好像把網路與電腦、數位混在一起了。現在也是如此，幾乎所有的著眼點都把這三者混為一談。簡單說，他們的論點就是網路或電腦都是通訊的工具，為了做生意，最好電腦業更加蓬勃。

我想傳達的想法，似乎並不在這個範疇之內。我始終想在生活中講述的是，人人經由網路連繫的瞬間，都在進行發訊和收訊，每個人都是發訊者，也是收訊者。如果網路的精妙之處在於傳訊者與收訊者是同一個人，那麼它將會是一個入口，通往沒有人經歷過的世界。

因此，我創設了《幾乎日刊糸井新聞》的網站。

那時，我感受到的困境是，我要傳達、講述或者被傳達、接收的對象，並不是至多二千萬的網路體驗者，而是應該是剩下的八千萬人。

仍然遠遠不足的「無聊趣味」

我這種想法，沒想到很容易就被《幾乎每日》的讀者所接受。但是，當然《幾乎每日》的讀者基本上都是透過電腦連上《幾乎每日》。也就是說，大多數的人都已經認識在生活水準上的網路。我認爲，只傳達給這些人是不行的，我必須傳達的對象是沒有連結的人，而非已連結的人；而且若沒有得到那些人的回應，就太無趣了。

沒有連結的人因爲不連結而失去發出訊息的機會，我認爲是非常可惜的事。過去我也在《幾乎每日》上建立幾次刊登投稿作品的網頁，但我必須坦誠的說，雜誌等媒體徵稿時的內容更爲豐富。

並不是因爲連上網路的人程度較低，只是感覺領先上網的人，缺乏無聊事務的豐富度，或是享受自由的樂趣。

這世上應該還潛藏著更糊塗、更豐富、更自由的事物，我所喜歡的世界是更加廣闊無邊的，就如同大家說著傻話卻一點也不無聊，偶爾認眞起來，又有另一番樂趣，我是這麼感覺的。希望大家不要誤解，但我認爲網路還只屬於有「學習欲」的人，「傻子還不夠」。

在網路世界的外側，一定還有更多、更充分的眞實創意、智慧，或是自由、沒價值的事。那些「包含沒價值在內的玩耍感覺」是全人類的智慧資源，但都還在網路世界外沉睡不醒。

所以，我更加想傳達給沒有連上電腦的人，也想從沒連上電腦的人處接收更多。雖然進退兩難，但想要將網路融入生活，就必須超越這個困境。這個概念就是《幾乎每日》成立的原點。

總之，爲了讓不上網的人與稍微領先上網的我們交會在一起，把我們搞得七葷八素。

創造榮景

我從歷史中學到，繁榮是必須的要件。其實也算不上什麼歷史，頂多就是有介紹

「祇園祭」之類，國中課本程度的書。《祇園祭》是萬屋錦之介（當時的藝名叫中村錦之助）主演的老電影，在電影的世界中算是相當有名的作品，就像《波坦金戰艦》[15]一般，被視為某種歷史電影一般。咦，我說到哪裡去了？

對了，翻閱歷史，慶典總是創造出某種東西。大型的慶典稱之為政[16]，與政治結合在一起……這個說明好像怪怪的？

寶塚的成名過程也頗有趣味。他們在一個跟慶典風馬牛不相及的地方，建立了廟會的場所。並不是在劇院，而是從類似「養生中心」的娛樂養生會館發跡。打著「既有溫泉又可以看表演，還有美姑娘，民眾應該會喜歡吧」的盤算，鋪了鐵軌、打造了廟會的場地。本來肯定是打算靠鐵路的營收來賺錢。但是，鋪第一條鐵路時，和寶塚招收女生、教她們跳舞，要她們演戲的初期階段，應該還不確定觀眾會蜂擁而來，當下也算不上是一門生意。但是，寶塚的策畫者還是這麼做了。

而我覺得「這就是我想要的」，這種做法有意思。換句話說，我以前都在承包開設廟會。但是，若是用網路，自掏腰包辦廟會也不是沒有可能。既不需要鋪鐵路那麼

譯注15．1925年製作的蘇聯電影。
譯注16．古代政祭合一，因此在日文中，政事與祭典發音相同。

多錢，而且也不用忍受一大堆事，每天只要把它弄得生動有趣就行了（想法太天真了點）。不管有用還是沒用的資訊，只要去到那個地點，總能找到什麼樂子，所以一會兒工夫，就會有人不遠千里而來。而且，這種一會兒工夫就來的途徑——也就是鐵路或馬路之類的設施，自己都不用準備。

雖然這麼做，不能立刻看出成效，不過，商業的生機不就在這裡嗎？而且，等它成功的時候，籌畫廟會的價值也會改變吧？不再像以往那樣，想賺錢的老板說聲「拿剩下的錢辦一場大慶典吧」，然後把任務交給你，而是可以先擁有辦慶典的能量，再把想經營的老板拉進來。可以規畫一個主導權倒轉過來的夢想。這是我第一次吹過的最大牛皮。

我拚命的尋找前例，遍尋不著。這就是問題所在。

總之，找得到的案例，都是先建立搜尋引擎，讓組織結構更便利，或是提供售貨平台，即是所謂的電子商務，全都是類似鋪設鐵軌的事業。大家都想到了「讓顧客有需要，非到這裡來不可」的點子，想出這種商業架構的人非常多。但是，這麼做的話，像我們從事創意工作的人還是在承攬案件，而把主導權奉送給別人。

我個人倒想憑著舞蹈的精彩與否來收錢，我一點也不排斥去練舞。唱唱歌、跳跳舞、想個吹牛的點子、寫個有趣的軟體……換個說法，這叫做藝術。

我擔心從事藝術或體育的人，恐怕又會受到網路這個新世界的冷落，所以，我雖然已經了解網路商務這條路，但還是決定不列為參考。這一點著實需要勇氣。

開闢新的路線

另外，復習網路之前的歷史，是我的工作。

例如，靈感會出現在釣魚的時候、出現在歷史故事中，也會在與網路不相干的前輩話語中。

我會想做些在軟體上取得主導、生產創意的工作，因為它看得見前景。只要起個頭就好，所以想試試，至於會不會成為一個有規模的生意，就在準備慶典時一邊再想。我的想法是，就像銀座通一建好之後，店家便絡繹不絕來開店一樣。

慶典的熱鬧一旦成形之後，隨便在場地裡設一個自動販賣機，都能有可觀的收入。既可以請個小丑來耍寶，也可以在那裡架帳篷，請馬戲團表現。想賺大錢的人若是問我：「糸井先生，在這裡鋪鐵軌吧？」我會回答：「好主意，那就鋪吧。」於是，一個事業就這麼成形了，不是很棒嗎？

拉斯維加斯也包括在參考的形象中。那地方也一樣，招待許多進城賭博的人住免費飯店，坐免費飛機，而且賭客口袋飽飽的離開也沒問題。此處可看出拉斯維加斯也明顯屬於網路式。拉斯維加斯不是在沙漠建城嗎？沙漠的土地價值幾乎等於零，所以完全不花費用。這和網路如出一轍。

接著想到的是迪士尼樂園。

像這種娛樂設施，核心夢想比創意更爲重要。不管滿腦子只想著怎麼賺錢，只要設施太無趣，客人就不會進來。規畫者想做什麼、能產生什麼樂趣等，這些夢想都必須與客人有共鳴，否則無法形成慶典。沒有夢想，再美輪美奐的設施也勾不起人們的興趣。「建設一個不會無聊的地方！」——這種願望十分重要。身爲生產軟體的人，絕對不可輕忽這一點。

若是我脫光跳舞，至少也會有三五個人來看熱鬧吧？若那三五個人都是軟體的創作人，那就太完美了——這種想法便是《幾乎每日》的起點。

貧窮中開始的遊戲

最初，四處都有人問我：「可是要怎麼餬口呢？」

也就是說，商業的做法是確立好目標，從到達的終點往回推算，來決定現在要做的事，但是他們從我做的事當中，找不出這種目標。但聽到這種問題，我也不知怎麼說好。從以往「工業化社會的事業計畫」來看，當然是個疑問。但軟體事業未必要成爲那種形式。此外，問到一般流行說的「企業模式」是否明確比較好時，大眾都在思考可以明確呈現的模式，所以肯定會引起過度競爭。

既然如此，有沒有可以代替的方案呢？這一點又還未有結論。

但是，如果不創造以往沒有的嶄新市場，肯定是資本大者取勝。那種狀況下，我們這種窮人就沒有贏的機會，所以先把企業的說明放一邊，可能有人會認爲只是一時的安慰，但我想到了幾個準則。

總而言之，就是將貧窮起家當作一個遊戲。

這一點非常重要。只有拒絕收錢辦事的方式，開始從事一件事，才看得見動機。金錢是很厲害的武器，一方付了錢，不需要想法的交流也能辦事，可是看不見做這種事的動機。委託某個案子時，如果不能讓對方感受到超越金錢的價值，一定會走到窮途末路，所以不得不永遠嚴肅面對。

我認爲這個架構強化了《幾乎每日》。

此外，因爲需要聚會的空間，我必須搬家。以前我的方針一向是小辦公室、少人數。身爲手藝匠人，爲了隨時能理直氣壯的說話，偶爾要跟人吵架，必須縮小自己的包袱，是保護自己商品的祕訣。

但是，這次既然發下了那樣的豪語，我就必須去配合別人，在別人的場地聚會。然而不管怎麼樣，若不能在我的地盤聚集，工作很難推動。所以我尋找了東京的沙漠地帶，搬到了麻布。而且，因爲賦予自己貧窮遊戲的角色，因此把自己的薪水大幅縮減，建立起「因爲貧困，不得已只好如此」的模式。

雖然不是土光敏夫的沙丁魚乾（土光敏夫……身在財經界卻以粗茶淡飯的簡樸生活聞名），但是以「兩袖清風」作爲象徵是很重要的。若是沒有眞正從零起步的感覺，恐怕還是難以堅定的走下去。

不能再畫出以往那種藍圖是需要勇氣的，但是「正在做獨一無二的事」的意念，多少能成爲支柱。而且正因爲就像是把斷崖背在背上似的出發，才能對自己在危機感下能做些什麼有更多的思考。

就算沒有錢也能千百回實驗

嘗試與錯誤多產體系。

如果能做到快速大量的多次測試，不論生產什麼，速度和精確度都能大幅提升。「網路式」時代最重要的是，不要害怕大膽的快速測試。

電腦的進步稱得上是一日千里。爲什麼它的進步會這麼快呢。因爲電腦軟體在完成前的階段，會一次又一次的反覆實驗。測試時所需要的，基本上只有數位資訊。讓程式跑一跑，看看哪裡不順暢，實驗看看會得出什麼結果等過程，既不需要工廠，也不要熟練的工人。偶爾還可以數百台電腦同時啓動，測試多種狀況。因爲這麼做與一台電腦用幾百天測試的結果是一樣的。

這種方法，肯定會在電腦之外的世界，創造出很多新的做法。

舉例來說，我們用某電腦軟體的商品來想想好了。軟體「好歹算完成」狀態的產品，叫做 α 版。而「好歹算完成」的 α 版軟體，一般會免費贈送。當然，即使是無限接近完成的產品，還是會留下無數細微的錯誤。這些都會由拿到免費產品的人，在使用後以「客訴」或「挑錯」報告的形式傳達給製作者。

免費分贈給一萬名消費者的 α 版軟體，假設有一百個bug（程式錯誤），經過製作者修正後建立了 β 版。製作者如果是在公司內進行 β 版完成之前的「錯誤檢測」工作的話，單純來看，就算是用一百人去挑錯，也要花個一百天左右。而且這一百天中，還要支付薪水給這一百人的作業，所以該成本也會影響到商品的單價。

但是，若是以免費但加上「尚有漏洞，不喜勿用」的訊息，像早產一樣提前放進市場，將會有很多個耳目，幫忙在實際使用後進行「錯誤檢測」。這剛好與電腦重複數位性實驗十分類似。而且，幫公司挑出「bug」的使用者們，還是很期待的使用「好歹算完成」的軟體。

這種方法應該會隨著網路的發達而增多吧！

短期內重複多次嘗試和錯誤的實驗，我想到處都有人在實行。不僅是數位工作，許多領域都在嘗試。

其一是在短時間內集結大眾的力量進行測試，其二是將半成品以低價樣品式的出售，之後再加以改良，這兩種做法在現實中應該已被各地的企業所接受了。

我自己好像也無意識的把這一招學了起來。

網路式是「普及品」

這本《網路式》的書雖然因為多種原因，而採取以往商品的型式，出版成一本書在書店販賣。但是這種模式未必會永遠一樣的繼續下去。如果考慮到書的「眞正價值」是資訊，也許書中眞正重要的資訊只有一頁而已。這種案例並非沒有可能。若是如此，也許可以出現價格三十日圓，只有一頁的書。

當然，考慮到流通或印製等成本的話，這只能成為一句玩笑話，但是理念上並非做不到。我認為書這種商品的厚度、字體大小如此的「大同小異」，有時會造成不便。符合其價值、具商品格式的商品——這種常識未來可能更加受到質疑吧！因為就算產品尚未完成，可能已有人搶著要，而且有些商品就算不是大眾所需求的，但應該仍受到少數人的熱切期盼。我覺得世面上有很多等待經年才完成，到上市時已經變成陳舊、再也不受青睞的商品。

多次、快速的測試，然後立刻改良的產品或體系，將是未來的主流。這也可以稱為網路式的現象。

但是我要補充一點，以上的現象，並非意味著一個人花費光陰、一點一滴創造出來的作品會失去價值。不是道聽途說，而是憑著自己的信念，耗費時間慢慢養成的商品，將會往上提升，成為超越以往的貴重「高級品」。

我認為網路式指的是在任何人幾乎都能取得的「普及品」範圍中出現的商品。藝術或是作品等範疇，恐怕是不同於網路式的另一個表述方式了。

滾滾長江東逝水，浪花淘盡英雄。

一壺濁酒喜相逢，古今多少事，都付笑談中。是非成敗轉頭空，青山依舊在，幾度夕陽紅。一壺濁酒喜相逢，古今多少事，都付笑談中。滾滾長江東逝水，浪花淘

第 3 章

從工業化社會進入網路式社會

1

前網路式社會的價值觀

「氣勢等於價值」的說法真的好嗎？

所謂「氣勢」是一種資訊。具有往上向量的事物，被稱為有氣勢，可以當作是一種像對股價的看法。但是，有沒有氣勢，只是一種資訊，並不是價值的全部。

最有價值的是類似「不知道該怎麼形容它才好，但總之就是讚！」的事物（這裡大多與有氣勢的事物成套出現，但解釋起來有點複雜），一般會用有「潛力」、「實力」或「真材實料」等用詞。但是現在，似乎「氣勢」的價值比起「實力」，更能以高價來交易。

為什麼會這樣呢？

從前的時代，人們將實力這種東西，當成永恆不變的「位置能量」，受到無限的崇拜。

那是位置等於價值的時代。

就像有人說，只要看到包著老牌百貨公司的包裝紙，就心花怒放。老牌百貨公司雖然也有實力，但不能說它永恆不變。但是，從前那個時代，它在超越判斷的地方，獲得「好品質」的位置。那是個課長比組長偉大、部長比課長偉大，三角權力金字塔穩如泰山的時代。

但是這種把「位置能量」當成價值的時代，不久有了變化。

因爲從表示位置（position）的詞語中，找不到表示價值的時代來臨了，出現了「現在有力者才能贏」，一種「氣勢即價值」的想法。換句話說，是一種下剋上的感覺。這種想法，就像人氣偶像比老牌演歌歌手更有價值一樣，成爲時代的意識形態。總之，「氣勢」成爲最高價值，是因爲「位置即價值的時代」被翻轉的緣故。

「氣勢即價值的時代」指的就是現在，但並不穩定。氣勢這種東西，就因爲不穩定，才成爲精神性投資或投機的對象。爲什麼排行前十名或是圖表那麼吸引人們的關心或興趣？因爲那裡面有著不安定帶來的刺激感。

訊。

我們看到所謂的「氣勢指數」，是用什麼資訊做爲基礎呢？這又是個曖昧不明的資

姑且用「銷售成績」和「曝光度」等要素來計算吧——以這種感覺形成無意識的默契。所以，銷售成績×曝光＝氣勢（評價）……的公式就此成立。以CD來說，發片張數就是銷售額，在電視的亮相頻率即是曝光吧！爲了兩者能夠提高「氣勢」的指數，有可能大量購買CD，或是運用政治力的關係，增加電視亮相的次數。

這麼一來，氣勢用人工也可以「製造得出來」，於是以「氣勢」爲價值軸心的時代，是迎合大量生產・大量消費的思考方式，不過，恐怕也快到沒落的時候了。

配合根據含糊的價值所進行的競爭，運氣的要素會變得太強。一旦會跑的馬不容易取勝的比賽，持續久了之後，剛開始期待比賽翻盤的觀眾也會漸漸感到厭煩吧！換句話說，變成粗製濫造的遊戲了。

尋找評價低於實力的事物

氣勢的價值，眞的不穩定。

「眞是如墜飛鳥之勢啊」被此吸引過來的人，若是氣勢無以擊墜飛鳥，就不認同它的價值，只會想都沒想的奚落道：「走下坡了吧」這種想法和實力主義的法則是不一樣的產物。只將價值放在「氣勢」的社會，是高速生產氣勢，又高速消費殆盡的架構。

但是，現實中原本信仰氣勢而建立起來的大量生產、大量消費型商品，卻不太容易成立。像怪物一樣大量販賣的一、兩樣勝利商品，與無數失敗商品形成的市場模式，變得天經地義。

這種情形並不能說只發生在唱片業界。唱片界整體的銷售額，據說只有寵物食品界的一半左右。市場這麼小，出現一個怪物般熱銷商品，其餘都滯銷不掉的狀況，也許並不值得驚奇。

如果眞有這種狀況，又讓我想到一件有趣的事。幾乎所有實力派CD都被當成

「其餘的失敗組」而沉入海底，但是會有很多「好商品」也長眠其中。在視氣勢為唯一價值並取勝的狀況中，有氣勢事物的銷售額會呈加速度成長，但沒有氣勢者則自然的從圖表裡淘汰。

這是非常可惜的事。

於是，我想到「找出評價低於實力的事物！」就算沒有氣勢也沒有關係。我想在《幾乎每日》上介紹實力與（只取氣勢為價值的狀態下）評價不吻合的商品。沒有實力不行，但評價超過實力的事物，也很難成為企畫。實力這玩意兒很複雜，但稱得上實力的事物，代表著「不知該怎麼形容才好，但總之就是讚！」。

這是個大眾越來越忙的時代，人們雖然會關注趨勢圖表上的前十名，但卻不太去理五十名左右的事物。但是，力量就是隱藏在這種排行裡。

我認為有力量的五十名，在某種層面上，永遠有可能成為第一名。尋找評價過低但有實力的東西，是我現在工作的方法。因為我覺得，評價者只以氣勢這個不穩定的評價軸來決定價值，是文化的損失；而且這種做法，將有刷掉創意多樣性與豐富度的傾向。從結果來看，我以往所做的，全部都是這種工作。

大眾都深信「大量生產、大量販賣」是資本主義的規則，但若有人問：真的只有這樣嗎？我覺得並非如此。地方的釀酒師依其能力所及製造出的地酒、一輛輛設計然後用手工方式組裝的自行車、原本是企業設計師的主婦設計的嬰兒服等，像這種少量製造、少量販賣而成立的商業，只要有心找，應該還很多。

這種「只要消費者達到一定數量，就能做生意」的工作，若想營運順利，需要與一定數量消費者接頭的機會。而製造機會的最完美工具，叫做網路。不知道他們本人是否有意識到，但每年讓顧客引頸等候的地酒釀酒師，可以說是非常「網路式」吧！

現在媒體偏離的點

對我來說，母親對孩子下藥毒死他，或是母親虐待孩子殺了他等，這種孩子被父母殺害的新聞，最令我感到難過。對尚未與社會接觸的兒童來說，父母，尤其是母親，是世上沒有任何一個友伴時，他唯一相信會幫助自己的人。唯一信任的對象，卻想殺了自己，這種事令人情何以堪。

如果我們就這件事徹底思考，應該可以得出很多結論。但是，也許現在的時代不興此道。哦，請放心，我沒打算來談倫理，但不想打破砂鍋思考難解的問題，似乎是「氣勢等於價值」這個時代的特徵。

舉例來說，把這種母親冠上「惡毒如魔鬼」這樣的帽子，就可以把這個話題結束了。用「那母親不是人」、「原來世上還有跟我們完全不一樣的壞蛋」等，快速與她劃清界線，問題就到此爲止了。

電視台基本上用這種方法在製作節目，消費事件。

把所有的罪犯或受害者從「目前」切換到過去式，然後再繼續追逐下一個新的新聞。

我們雖然一邊批評電視台，但也在做著同樣的事。對許多人而言，深入思考難解問題的機會，似乎有逐漸消失的傾向。

電視台不斷追求新事件，以便找到「新鮮材料」來塡塞有限的時間，也許這種媒體並不適合持續思考。不論是學校、公司，也都是設定好「目標」、「目的」，按著達成它的機制而行動。

思考「不懂的事」的機會

但是各處的人都這麼做，所以思考「不懂的事」的機會越來越少。找不到答案的問題，不論怎麼想都遇到矛盾的問題、自己無力應付的問題等，人們沒有時間談或想這種問題，而且不論大人小孩都一樣。但是，人類不可能放棄思考「不懂的事」。

一旦周圍都是「一看就懂的事」，就會出現反彈。

聽說年輕女孩們喜歡在速食店裡「窩著」，一整天吱吱喳喳，說些言不及義的話殺時間。可能從「考試，打算怎麼樣？」開始，接到「那個女的啊，最近都沒有來練合唱比賽耶」之類沒營養的八卦聊久了，竟也產生她們自己的哲學。對話中既沒有尼采，也沒有齊克果，但是從某個話題的某處，會跑出與「生存」相關的什麼思想來。

雖然不少成熟的人受不了用手機聊八卦，但對話中也會跳出「不懂的話」。當然，大多數的對話都是「沒營養的話題」，也許是哪個男生或是流行時尚的話題，但有時候好像也會突然混進「死亡」或「生存方式」之類，過去的年輕人會談論的主題。

這種現象也可以算是網路式的一種吧？

「在近乎無數的徒勞中，出現了他處不可能有的、觀念上難以解決的問題。」

可能因爲這種狀況無法營利，以往很少有媒體去經營。

以往媒體挖掘的，全都是「有了疑問，答案就在眼前」類似謎語的問題。但實際上，人們不都在尋求一個空間，談論或思考沒有答案的問題嗎？電視及其他媒體一味追求立刻有答案的問題時，年輕人則藉著網路、手機或窩居的聊天，用身體在防衛。

在完全習慣勝與敗、強與弱的二元對立思考的現在，好像自然而然會醞釀出想跳脫框架，思考或談論「不懂的事」的氛圍。

到了新時代，看不見答案的問題也許會變得更有價值。

從「網路式」的觀點來解讀，像是「整個人」對只追求「勝利、目標」的「大腦」發起革命。我不想太輕易的說出預言似的話，但我認爲人的意識朝著更關乎「靈魂」的方向前進。

「打發時間」的商品——資訊娛樂

時間是平等分配給眾人的財富。

人類爲了節約時間，發明了洗衣機、電鍋等機器，販賣給其他人，也被人們所接受。家事勞務由機器代勞的話，就能多出自由使用的時間。

節省下來的時間，成爲「時間儲金」。電影、電視、書或雜誌及資訊娛樂的商品市場出現，便是瞄準這筆時間儲金。機器發達，人有了多餘的時間，爲了運用這些時間，於是誕生了「資訊商品」，這個範疇中也包含了「教育」、「旅行」等項目。

一旦充斥所謂資訊娛樂的「打發時間」商品後，大眾爲了消費它，再度忙碌起來。

不但電視、電影、漫畫非看不可，也非聽音樂、非去美食店不可。民眾希望消費所有大量出現在市場上的資訊商品，就和渴求形式化的商品一樣。

於是，時間再度不夠了。這種情形下，接著又再製造節省時間的商品（系統），新幹線的速度逐步增快，也是因爲哪怕節省十分鐘這種小單位的時間，也有其商品價值。其實，那麼小的時間刻度根本派不上用場。

不免覺得，人們應該已經想不出能根本創造充分「時間」的發明了吧？正常從事工作的話，不論用什麼方法，也不太可能擠得出多餘的時間。除了當個「閒人」之外，再也沒有製造出充分時間的方法了。

諷刺的是，一般忙碌的人根本不能自由支配時間，所以漸漸從「資訊商品」的資訊落後。

市場的動態是閒人創造的？

現在的電影或ＣＤ排名，是有閒選擇、購買它們的人決定的。而現在市場動向，也偏向對「有充分消費時間」的空閒人士發出訊息。

舉例來說，我們想想音樂市場好了。聽一張ＣＤ要花一小時，對有工作的社會人來說，恐怕很難擠得出這麼多時間。而且爲了找到自己喜歡的唱片專輯，必須收集許多唱片資訊，再從中挑選出來。光是了解現在炒熱音樂排行名單的偶像或樂團，演奏、演唱什麼樣的曲子，就需要花掉不少時間成本；若還想要了解大量的音樂資訊，哪有工夫認眞工作呢？雖然這是玩笑話。

所以，基本的市場動態，是閒人創造的。沒有時間的人，到餐廳只點「今天推薦菜單」，到唱片行只選排行前幾名的曲子。所以便出現了這種現象——儘管整體營業額都在下降，但是極少部分的ＣＤ能達成四百萬張或五百萬張的銷售額。

有工作的人因爲時間匱乏，只能跟在時間富有的人後面走。其他的商品，也有同樣的結構。鞋子種類繁多，在哪家店買哪一雙鞋，也成了不太容易決定的事。若是在以前那種家附近只有一家鞋店，款式也只有一兩種的話，倒也省事。但現在想買就能買到無限多種鞋款，而且有工作的人也有足夠的錢買鞋。

但是，了解買鞋資訊的時間，和了解流行趨勢以作爲選鞋根據的時間，明顯是不夠的，所以「買大家都選的鞋絕對沒錯」的方法，就成了購買模式。

這種大眾都選擇的價值，就是所謂的「品牌商品」，也有「暢銷」的事實。身爲專業廣告人雖然感到有點可悲，但是「暢銷！」的商品文案，現在卻是最有說服力的廣告吧！

「暢銷的意思，就表示有什麼優點吧」——只要時間匱乏的人這麼想，相信「成爲暢銷就是製造暢銷的方法」的奇妙法則的生意人，就會想盡辦法製造出讓商品暢銷的手法，而降低全市場的信用價值。

可以壓縮時間的網路

但是，我認爲網路也許會破壞這種形態。無法爲消費支付時間成本的人，也就是工作忙得喘不過氣來的人，或質疑「因爲暢銷」的理由就掏錢的人，這類人恐怕非常多。這些人也許對自己與世間的價值觀不同，而抱著某種認命的心態。但令人意外的是，認爲市場上推出的人氣商品並不是自己想要的，或感嘆最近都沒有自己想唱的歌的人其實很多。

但是這些人沒有時間細細去挑選暢銷以外的商品。不想聽「早安少女組」，那麼其他的新曲在哪裡呢？想要尋找，但時間不夠。一方面太忙，另一方面還有其他該做的事。所以，乾脆死心的想「算了，別買新ＣＤ了！」

電影或遊戲的續集作、標題掛上「２」、「３」等數字的系列企畫結構，也許也是這種時代的特徵。但是，只要能從忙碌的每天生活中，找到一點點自己的餘暇，透過網路，就能自己尋找到非排行榜的、非暢銷的資訊情報。

例如，《幾乎日刊糸井新聞》的連載企畫，鳥越俊太郎的〈3分鐘了解最近的新聞〉就是從這樣時代背景下想出來的案子。

鳥越先生將報紙頭版最上面的新聞，儘可能不挑選的重新撰稿。雖然整個社會對大事件的優先排序並非都一樣，但不論如何，還是都會用以往的價值觀，來判斷大新聞的「新聞價値」重要度。但是鳥越卻不這麼做，他重視的是當天即時的優先順序，來爲讀者挑選新聞。

而且，這位鳥越先生的網頁上，一天最多只介紹三則新聞。畢竟任何人都無法知道所有的新聞訊息，萬一有什麼遺漏，再去「別的媒體」找就好了。

在報界，如果別報刊載的新聞，自社卻沒有報導，似乎會認爲「漏報」是一種不名譽事件。但我們《幾乎每日》全都漏，完全沒當回事。因爲讀者「雇用」了鳥越俊太郎這位「新聞ＤＪ」，或是把他「當成熟人」，所以會看看他對每天的新聞說些什麼。當然並不是任何人都能擔任「新聞ＤＪ」的角色。因爲鳥越俊太郎這位「新聞達人」已建立相當好的信用，爲民眾所接受，所以才能勝任這個位子。

讀者爲什麼支持這個在某種意義上「不完整」的新聞報導呢？可能因爲他們雖然削減時間成本，也想維持自己的價值觀吧！以大量讀者或觀眾爲前提（而且一個讀者都不能跑）的大眾媒體，很難採用這種方法。我認爲，因爲是網路才能做到這樣。

總而言之，說句失禮的話，鳥越俊太郎發揮了電子鍋的功能，幫我們將了解新聞付出的「時間成本」縮短成三分鐘。而且，不是網羅的、散漫的資訊，那裡面有他個人的「觀點」，不論你贊同或是反對，都是值得知道的情報。鳥越先生的角色並非誰都能勝任的原因，自不待言。

以上是我先破梗，預告接下來要解說「只有軟體最重要」或「只有創意最重要」的部分內容。

另外還有更重要的「網路觀」。

2 「信賴與靈魂」的網路式時代

信賴是網路式的出發點

接下來，我想介紹什麼樣的思想在支撐我所描繪的「網路式」社會。

最初是某一天朋友推薦的一本書：東京大學出版會出版的《信賴的構造》（後來，作者又將這想法整理過，以新書的形式，改名爲《從安心社會到信賴社會》發行。這版容易取得，也省略了太專業的部分，較容易推薦）。

這本書的作者是社會心理學家山岸俊男，不過它並不是談「倫理」或是「道德」的書。而是經過反覆實驗，思考人在社會中有什麼行爲，抱持什麼心理的科學書。

但是有趣的是，這本書的結論可以用一句話來表達，就是「誠實是最佳的策略」。

山岸教授的研究是反覆實驗某種遊戲，觀察持哪一種策略的人，會贏得遊戲的勝利。

一再實驗之後的結論是「比起欺騙或背叛對手的玩家，誠實的玩家收穫更大。」

後來我向作者當面求教，他說在開始研究前，沒有想到結論會是這樣，終究還是多次科學性實驗的結果，才得出這樣的結論。

讀了這本書十分雀躍，我從書中得到非常大的安慰。

山岸教授是與我同世代的社會心理學家，可能因爲生長在相同的時代，所以想法上會有些相似之處吧。但我相當興奮的認爲：「這位學者的研究結果，可以給全人類很大的勇氣。」

儘管可能是「勝者為王」

我忘了是什麼時候開始，驅動世人的思想變成了「勝者爲王」。「贏了就有發言權，輸的人沒立場說話。就算做了什麼骯髒事，也一定要贏才行。」這種邏輯具有很強的力道。

人生在世總有痛苦難過的關卡。我一向把自己的「世界觀」放在落語[17]世界裡，比較相信「世上任何人都沒什麼了不起」或是「神為你關了一扇窗，必定會再為你打開另一扇門」的思考方式。

所以就算「誠實的人會被看扁」的說法正確，在我內心某處卻不願意這麼想。因而，即使「沒有取勝當不了王」，我也一直抱著「不看扁誠實者的社會」是理想社會的想法。

只是，如果認為這只不過是個天眞的夢而摒棄它，就只能順從成人的邏輯，一輩子鬱鬱而終了吧！那種灰心的感覺，與現在成年人共有的苦悶感，也許互有相通之處。但山岸教授的研究結果，狠狠的將它擊破。

如果「誠實是最佳策略」，就不用偽裝自己，做出成熟的舉止，或是故意使壞了。

我非常震驚。如果這是事實，我們只要誠實做事就行了。刻意昧著良心，思考「求勝的權謀詐術」只是徒勞無功白費工夫。

我聽說職業棒球界有位「知性」總教頭說過：「壞人和好人比賽棒球，一定是壞人

編注17．日本的傳統表演藝術之一，與單口相聲相似。

隊獲勝。」我不確定他是不是說過這番話，但我們一直不也都是認爲這句話是對的嗎？

但是，就算假設它是對的，若有人問我：「你喜歡這樣的社會嗎？」我還是會回答討厭。

爲什麼呢？很簡單，因爲不舒服。

世人相信的「果然惡者獲勝」法則，會令人心情惡劣。所以有一段時期，世間流行不做壞事，寧可選擇貧窮人生的清貧思想。但我對這種思想也不太欣賞，人們想選擇生活得不自在，是違背常理的。做那種事，是某種智慧之人的喜好或是美學意識的實踐，強迫一般「平凡人」接受這種思想，只會造成大家的困擾。雖然我不喜歡壞人才能成功的思考模式，但好人就得貧窮的思想，我也同樣覺得不可理解。

「公開、求教」之法

「誠實是最佳策略」的實驗結果，會成爲肯定「自在」生活模式的思想，即是你不用昧著良心去欺騙別人，也不用違背常理的忍耐，可以隨心所欲的當個好人。

這如果只是實驗室裡的研究結果，說服力可能會降低很多。但是「誠實是最佳策略」定律，意外的，在現實中已經開始漸漸得到印證。

一般來說，它會以「不誠實企業」失去大眾的信任來呈現。但是現實中的例子並不僅止於此。話雖如此，現實的嚴苛使得這種案例無法一一列舉出來。但我認爲不久的將來，將會有更多舉不盡的例子浮現。

有錢的企業或是團體，把錢花在不能產生金錢利益的地方，最終對企業也有好處。今後的社會，企業在消費者贊同其「理念、水準、模式、理想」的形式下進行商業活動的可能性會大幅增加。

在生產商品、提供服務方面，所有企業會漸趨平均化。從前那種產品優劣差別明顯的現象，將會漸漸消失。

到了那個時候，人們用什麼標準來選擇該企業的商品，或對該企業的服務感到舒服呢？人們會變得像在選舉投票，或是「購買」該企業想呈現的社會形象。企業以宣傳活動或商品作爲媒介，宣揚自己的理念、理想，恐怕將會關乎該企業的存續。

而且這也與資金調度有關係。人們對欣賞的企業、感覺有前瞻性的企業，持有它的「股票」，進而參與經營的現象會更爲熱絡。就像選舉投票一般，企業與消費者的關係，很可能會變成「喜歡那家公司，所以買它的股票」。

當人們不再是領了薪水，單靠這筆收入就能感到安心的時候，就算再不情願，個人在購物時也會從「從投資的觀點」來思考。而一旦個人投資企業，開始思考如何運用資金讓企業發展符合自身利益的時候，企業就算只是拚命努力提升比上年同期更高的利潤，一般人也很難投資得下去。到那種時候，企業也會像選舉投票選出政治家一樣，只有優良企業、讓民眾開心的企業、獲得大眾信賴的企業會留存下來吧？

那種時代一定會來臨。過去爲政者的做法是「可使由之，不可使知之」，而完全與之相反的「公開、求教」之法，我認爲其實就是以連結、扁平、分享爲軸心的「網路式」做法。

職業相同，結果卻不同

如果山岸俊男教授的《從安心社會到信賴社會》是《幾乎每日》的母親，那麼梅棹忠夫教授的《情報的文明學》便相當於《幾乎每日》的父親。

在這本《情報的文明學》中，有一節將生物個體的產生與社會發達加以類比說明。以人類來說，最初是一個精子與卵子的結合。首先要形成內胚層，簡言之，它就是以只負責消化和排泄的消化器官爲主的管狀系內臟。這種只攝取食物，從中取得能量，然後排泄，也是原始生物的形態。但是只有管子的話，只能等待食物上門，爲了擴大生存的可能性，必須主動取得食物。

而在內胚層之後進化的，是附著在管子上的手腳等，叫做中胚層。中胚層的基礎是肌肉，可類比爲工業化社會。運動、「主動取得」食物，可以靠肌肉的作用來達成。

之後會形成「外胚層」，相當於皮膚和「神經系統」。其中最大的組織是「腦」。神經系統發達才能順暢的管理、控制全身，而在其中的腦則像是整個系統的CPU（中央處理器）。

腦的活動可以用身體中的王者來形容。但是，世上沒有只有腦的生物。如果沒有中胚層、內胚層作爲生命體的根基，也不會有神經系統的外胚層。若不能從整體來思考人類，就無法眞正理解它。

腦並不是一切，只不過是神經系統而已。在肌肉系統和消化系統的合作下，才能保持內臟、肌肉和腦的平衡，存活於世。自己這一身肉體如此，別人的肉體也是一樣。所以「人因爲第一印象喜歡某人」等現象可以說是腦在作祟，但是也許還潛藏著更不同的要素。對食物的好惡、對自然風景的感動等，我認爲都超過了屬於神經系統的大腦能夠處理的範圍。

未來的「知性」工作，不只是腦性的知性，而是必須探索其他感覺的可能性，因爲那也是大腦無法整理的部分。只用大腦思考的話，全部都能整理成語言。這樣一來，就無法達到感動的境地。

舉例來說，假設要用一張貓的近照來做海報。如果有優秀的製作人、攝影師、完美的印刷技術等萬事齊備，人們看到海報會想擁有；相對的，如果是一張粗製濫造的海報，一般人恐怕會不屑一顧吧！

即使同樣使用貓的照片，同樣職業的人負責各個任務，卻會給觀眾完全不同的印象。兩者都是以大腦思考的「企畫」，應該會有完全相同的效果才對呀……。

我們無法回答的，包含品味在內的表現技術到底是什麼？眞的只能以「一個謎」來解釋。

所以，優秀的技術表現者，因爲無可取代而受到賞識。據說歐洲的大型車廠，都會延攬許多優秀的設計師，成爲公司專屬的設計者。在時尚的世界裡，品牌人氣的基礎就在商品設計，而它也是極少數天才設計師的專屬領域，並不是同樣職業的人，不論是誰都能做出相同的結果。

不是怎麼寫，而是寫什麼

關於眼光、感動人的力量，並沒有教學手法。雖然多看美好的事物，可以培養審美觀，但是那只是具備價值標準而已，但事實上，我恐怕得說……很難說。當有必要思考這種很難用邏輯理解的領域時，最好不要用差勁的邏輯對表現者潑冷水，寧可乾脆把全付的信任交給他。

我多年來從事的廣告文案工作，相當大的分量都是用大腦可以解決的業務。但是，並非我想出一個「說理正確」的文案，就能成爲連結感動的表現，我只是在發現一個很棒的事物時，試著盡可能把那種感覺傳達出來。

但是，我不太會去解說那個事物哪裡好，因爲如果是可以用條理說明的範圍，就不需要出動表現技術的專家了吧！不只是神經系統，有關肌肉系統或內臟系統的感覺，你不覺得人類已經很豐富了嗎？

如果與世人頻頻感嘆「語言在崩壞」的現象合併起來，我倒是覺得應該更重視隱藏在年輕女孩「好可愛」或「超——」裡的肉體性。

在網路社會，文章拙劣但有趣的狀況是可以成立的。不管是超怎樣還是什麼，只要寫手生活得快樂又充實，寫的東西就有趣。

反之，一個人即使寫文章信手拈來，但生活得如同槁木死灰，他寫的文字也不會有趣。

至於《幾乎每日》如何決定邀稿的對象呢？首先得要有生活。寫什麼樣的內容，會比怎麼寫含有更多有趣的營養素。

接在神經系統之後的是……靈魂

話題稍微轉開一下。人類社會始於內胚層式的農業社會，以食為主。不久後持續了很長的工業化社會（中胚層、肌肉系統）時代，不知何時又轉移到資訊化社會（外胚層、神經系統）。而資訊化社會過度擴張了腦的權力。換言之，若將整個人體當作「國家」，腦政府擁有中央集權式的過度權力，就是現代社會的寫照。

不過，這麼一來就表示要身體或內臟成為腦的奴隸，施行頭重腳輕的政治。現在這個時代，一定是開始造反的時期——「不允許政府（腦）橫行霸道，把權力分散給地方（肌肉和內臟）吧！」精神和肉體的疾病，讓身體（包含腦在內的肉體）處在聽不到大腦命令的狀態。

那麼，與中央集權完全相反的想法——互相連結的人們力量增強——就是網路。如果我說連人類的身體都將變成「網路式」的趨勢，應該不算言過其實。

我們都成了「網路式」。

至於從肌肉系統的工業化社會來到神經系統的資訊化社會後，我很好奇之後會變成什麼樣的社會。我猜想會不會變成「靈魂（spirit）社會」呢？雖然乍聽之下有些超自然。

如果感動、品味等元素的價值越來越提升的話，那就會是追求「靈魂滿足」的社會了吧！

從獲取「生存需求、豐衣足食的滿足」的農業社會，轉移到「擁有物質、權力的滿足」的工業化社會時代，而現在「擁有事實、智慧的滿足」的資訊化時代到來了。所以，接下來可能會是從擁有中解放，成為「追求靈魂滿足」的社會。我覺得這種推測應該不會那麼不可思議。

3 新時代的優先順序

難以決定優先順序的時代

第一次聽到「優先順序」（priority）這個字，我十分感動。因爲我知道價值有很多種，而決定這些價值中哪個最重要，是十分重要的事。看起來很像笨蛋，但在我聽到這個詞之前，並沒有這種想法。要選擇的東西很多，決定哪個最好即是「優先順序」的想法；不是按好和壞兩種，而是把所有好的項目，按順序排出來的想法。

這種想法，人人都知道吧？但我相當感動。

而現在優先順序這個詞已經變得十分浮濫，到處都聽得到，但決定優先順序卻變得非常困難。如果是籠統提出幾種想法的狀態，很容易排出當下要選擇的優先順序。

但現實是趣味的事物大量增加、必須見面的人非常多，我們在有限的時間內，要接受許多的建議。

「去看電影吧？」好不容易從眾多選項，決定了一項，卻又要從十部到二十部電影中，選出想看的電影。就算去買一本雜誌好了，該從書店架上爆量的雜誌中選哪一本，也成了相當麻煩的事。我根本覺得選擇這些所花的時間，是一種浪費。

只是反覆的選擇、困惑、選擇、困惑，說得誇張一點，也許大半的人生都浪費在這上面了。這麼一來，優先順序的決定不得不變得粗糙。《「丟掉！」的技術》一書之所以被人需求，也正反映了「哎呀，眞麻煩！」的時代氛圍。大家都已經厭煩對保存的物品訂出優先順序了吧。

冷靜而分裂的

世間充斥著「提案」，所謂「提案」，就是「簡報」的意思，也可以換個字眼叫「誘惑」。大致上，人人都擁有某些好東西，去到別人邀請的地方，大致都會很有趣，認眞一點的，連學問或研究也都充滿趣味。但是，每個人的能力有限，必須控制自我。不過不捨的事物很多，也常會認爲沒抓到的魚比較大條，但如果不冷靜地去做，在某種意義上就是分裂地去做，恐怕會來不及。

平時會縮小選擇範圍的人，就沒有這種煩惱。認爲不論選什麼都沒什麼差別的人，是把猶豫的時間用在「實行」上了，不得不快速決定優先順序時的能量，特別強大。

人們常說「運、鈍、根」[18]具有力量，不就是猶豫迷惑分掉多少前進能量的表現嗎？

所以，老年人說「老朽時日不多啦」之類的話語，也許也隱含著猶豫不決的時間太浪費的意思。年長領袖敢於冒險，富有決斷力，難道不是因爲他們「猶豫的時間」很少的關係嗎？雖然這未必是好事。

從這層意義來看，年輕人苦惱的理由正好相反，他們苦惱是因爲無法決定優先順序。不過，歲數不大卻能將優先順序排得井然有序，也會給人「會不會太草率」的顧慮

編注18：日本人認為成功需要運氣、堅持和毅力。

吧？「有目標眞好」的說法，難道不是工業生產性的思想嗎？

越是了解各種過多的「提案」，越難下決定。但是，如果從大量的提議中逃開，六根清靜的做決定，也許只能走固有的路線。

在「網路式」的特點中，「網羅性」可以算是較無價值的一項。不管怎麼說，資訊會不斷產生，無限累積。而且，探索網路的網眼時，理論上所有的資訊應該會全部連結在一起。

優先順序的決定方法

在那種猶豫不決的狀況下，要怎麼樣決定「優先順序」呢？

接下來是屬於我個人的方法論：「想做就做」、「如果有我想選擇的物件，就立刻選擇，不會再等更好的物件」這些做法應該也很網路式吧！不是網羅性的，但也不是把資訊選擇範圍限定得很小的做法，而是當機立斷去做想做的事，「然後面對錯誤」，而且不要等著接下來有什麼，早點經歷成功或失敗，然後「一試再試」。

用一個非常簡單的例子來思考。假設我決定去看電影。首先要取得資訊，不論是從報紙也好，從網路搜尋、從雜誌、從口耳相傳都可以，先停下「也許還有其他資訊」等的雜念，不要想太多，先去看了再說。如果有趣，那就天下太平；如果很無聊，再去看別部電影不就行了？多花錢嗎？是沒錯，但是想看電影的是你啊！又不是有人拿著槍威脅，逼著你去看，所以，只能說自己的判斷錯了而已，怎麼會選了一部無聊的電影呢？思考原因也是自己的工作，這麼做還能累積經驗。不要因爲看了一部無聊的電影，就覺得蒙受多大的損失，畢竟「想做就做」的事，只是去看電影而已。

其實最難的部分是尋找自己「想做的事」，只要找到了，幾乎可以說後面就不可能失敗了。

選擇時的優先順序，與自己的生活方式有關係，不妨先反問自己活在世上的優先順序。把自己逼到這種地步有點恐怖，不過，想想自己最想要的是什麼、自己最想保護的人是誰、自己有什麼非做不可的事等，像這種一般認爲是青春煩惱的「重大價值優先順序」，一般成年人即使沒有思考過也平安長大了，但它眞的是些很神奇的問題。這些問題很難找到答案，不過如果不明白自己的價値所在，你仍會爲排行在下的無數提議煩惱猶豫下去。

那你怎麼想呢？——別問我這一類的問題，因爲我也答不出來。

啤酒試飲可以和日本酒一樣嗎？

以前我做過啤酒的工作，那時候我注意到一件事。有個階段是在監視畫面前，請人試喝，做「味覺測試」。那時候的方法，是在許多小紙杯裡，倒入一小口啤酒，然後按A、B、C……的順序喝。但是，啤酒這種酒，並不是用紙杯小口小口喝的酒，所以我覺得這個味覺測試不太合理，應該要依照喝啤酒的習慣來進行這種測試才對。我猜想這種喝一小口，含在嘴裡品味的喝法，是來自日本酒的品酒傳統，所以很自然的蕭規曹隨。

我把這種喝法取名爲「橫飲」，因爲是把杯子橫倒的方式喝酒。相對於此，啤酒的喝法，其實應該是「直飲」。杯底朝天，液體像瀑布般從上往下流入。大家都是以這種印象在喝啤酒的吧！

我建議將以往用橫飲做的味覺測試改成直飲，但後來因爲種種「因素」，這個慣例還是沒能改變。

用直飲的方式請人做試飲測試，在多種試驗品一起測試時會有難度。因爲只有小口小口啜飲，才能一次試喝多種啤酒，評比味道。一方面喝太多容易醉，再者喝了第一口覺得好喝之後，對第二種試驗品和第三種試驗品會產生不好喝的偏見。既然如此，不如將測試用的啤酒寄放在試驗者的家中，請他們各自冷藏一段時間，像平時那樣大口喝下，再告訴我們感想。這種做法按以往的調查手法，有實行上的困難。因爲在寄放的時候，必須考慮到不能洩漏企業祕密、是否確實試喝等，與對方的互信關係十分重要。

但是近來這種測試好像調整得更細緻，以做爲網路式的調查手法。配送測試商品時也會擔憂，也有送交和回收等的問題。但一旦決定了前提：「這種方法比較好」，對有問題的部分重新建立一套規則，應該不是件難事。

我對於用網路式手法做「商品測試」，已經躍躍欲試，而且正在小規模的反覆實驗類似的測試。

「難以應付多樣化」是賣方邏輯

不論哪個業界，近年來都一直對消費者心理和消費行爲的「多樣化」頭痛不已。但是，感到煩惱的是發送方的邏輯。接收方，或是稱爲買方、消費者方來看，只是照著自己的想法買或感覺而已，「這是我們的自由吧。」

喜好一旦多樣化，便不能再製造太多同樣的產品，因爲會有剩貨。所以大量生產、大量消費時代的結束，會讓發送方感到頭疼。明明有能力可以大量製造，卻無用武之地。

其實最重要的是，對買方而言，多樣化並不會造成困擾。因爲它其實反映了消費的豐富度。想一想就知道了。假設這個國家只有一種或兩種肥皂，只因爲它可以大量生產起來很方便，就這麼做了，如果自己是買方，肯定很不樂意買吧？花店裡的花如果只有金盞花和玫瑰兩種，一定不想買吧？報紙如果只有一家報，你會高興嗎？雜誌只有一種，無所謂嗎？用這種方式一想，就知道「多樣化」是豐富度的一種表現。

在更加成熟之後，應該就不會再感到困擾了。有人追求多種多樣的商品和服務，代表有機會生產多種的商品。

只是問題不僅發生在製造方，物流方面也有。

舉例來說，現在超商成了龐大市場，但是超商貨架上一向規定按暢銷度排名放置商品。同種類的商品，只會擺暢銷前三名的商品，所以製造第四名以下的廠商就擺不進去了。雖然沒進前三名，但好歹也是第四名，商品力並不算差，可是卻要從店內消失。要求便利超商放置太多種類的商品並不合理，但是難得已經多樣化的消費豐富度，在這裡卻被限制。也就是說在物流方面，也必須推出競爭力可威脅超商的商店或銷售方法才行。

現在正處於市場雖強，但「與市場相連的物流」握有大權的過渡期。從眞正的意義來說，市場本身的豐富度還未到水準。

只是，我們到處都可以發現確實能象徵時代的事物。在這種狀況下，想到商業的多樣化，實在頗富趣味。剛才所說進不了便利超商前三名的商品，在品質上並沒有問題，但卻被與重要市場連結的「賣場」驅逐。這麼一來，他們只好降價去找願意讓他們上架的地方。一些大特價、廉價賣場便向他們進貨。民眾一旦在低價店大量採買之後，也許對超商的生存眞會造成影響，而在總量上，爲應付「低價店」的大量訂單，廠商也許也找到了生存的空間。

不管怎麼說，最強大的是握有「市場」的人，其次是運送商品到市場的人與製造商品者，他們的立場確實會越來越弱。常聽人說下游的立場比上游更強，我想，不論是上游或下游，果然都出現扁平的網路式變化了。

第 4 章

網路式思考法

音響迷的家

以前我去音響迷的家採訪。由於聲音會因爲屋裡的各種素材反射或吸收，而受到影響，那位達人因爲棉被容易吸收聲音，不但連棉被櫃裡的棉被疊法都很講究，還在意想不到的地方放磚頭，追求極致的音響，打造絕佳的環境。

然後他解釋：「就音響而言，相當接近完美了。」於是我問他：「對了，你在哪個地方聽音樂呢？」他指著房間的某個位置給我看。

「……可是，這樣一來，你自己就成了吸收素材了。」我單純的提出疑問。他一臉正色的回答：「對啊。我不應該在這裡。」眞的沒錯。自己聆賞音響的同時，也干擾了聆賞的環境。

自己心愛的環境，卻是爲了讓自己干擾而存在。

也許各位沒想到，大家其實都在做著類似那位音響迷的事。例如，有的人找到一間地板鋪得非常漂亮的房子，爲了不妨礙房間的景觀，盡可能連必要器具也不擺進去。

這個案例同樣也是連自己的存在也妨礙自己追求的「美觀」。

不少人在追求嗜好或美學意識中，不知不覺壓抑了自己的自由，而其中最有甚者，也許就是「聚財」的興趣。

大叔冷笑話的禮儀

常青綜藝節目〈笑點〉中，若是相聲家給了妙答，主持人經常有丟給坐墊，讚賞其「說得好、回得漂亮」的慣例。但是，對於眞正精彩的回答，似乎感動或笑聲都比較少，是一種拼圖全部拼對的喜悅。

看起來，比起工整、清楚的事物，人心較容易被不按牌理出牌的事物打動的樣子。

大家熱烈的討論七夕的許願文要寫什麼，我在同事的小卡片上隨便寫了：「希望結很多婚！」文法上看起來一點也不奇怪，但意思卻是亂七八糟。但寫這種東西，是我的興趣。

最近名噪一時的「爲了健康，死也無妨」的玩笑話，也是我喜好的類型。

大叔冷笑話也是一樣，但它的使用法更全面了。冷笑話的基本原則就是「雙關語」。把發音類似的單字，嵌進語意不同文句裡的形式來表現。其實這種雙關語的詼諧話並不是那麼不値一顧，外國詩裡有的「押韻」，也可以算是雙關語的一種。

只是它會破壞原意，打斷談話的脈絡，所以一般來說，立場處於下位的人，不會對「上位者」講雙關語，只有在故意找罵挨的時候，才會無聊當有趣。

「上位者」會把講雙關語當成一種特權，開玩笑的人抱著「我現在在展現特權」的自覺，多少都必須發揮笑話被人瞧不起的氛圍。這就是講雙關語的禮貌。在金字塔階級倒塌，漸趨扁平化的社會，連續發射特權式講雙關語的行爲，換句話說也是權力的展現，所以必須有讓下位者皺眉頭的心理準備。

我認爲如果能遵守這個禮儀，講雙關語也沒什麼不好，不過還是會給別人帶來困擾。順便提一下，關西文化圈的人幾乎都不說這種雙關語。看來，笑話品質的差異尤由此可見一斑。只是雙關語的聽眾如果品味夠成熟，說不定會意外覺得無聊的雙關語還不錯，而欣然接受呢！

從前，我在《驚奇屋》雜誌做「變態好孩子新聞」單元的時候，接過一封投書。標題是「什麼東西叫可愛」其中有一句寫道：「我爸爸穿著衛生褲的樣子很像小精靈，好可愛。」爸爸的衛生褲，和觀看者的「精靈」印象重疊在一起，成了幸福的表現，身爲這孩子的爸爸一定很幸福吧！

選哪一邊都OK吧？

「走哪一條路才是正確的呢？」

我們常會有這樣的疑問。毋寧說，幾乎對世間所有的事，都有選擇上的疑問。因爲那樣這樣，我可以跟那種人結婚嗎？用這個那個有的沒有的無聊理由，問這職業好嗎？因爲經過了那樣這樣，我應該放棄嗎？

聽到這樣的問題，所有把它當一回事的人，幾乎都會盡可能掌握對方當下的狀況，想出成功機率較高的道路，建議對方去做。我自己以前一定也大言不慚的說了許多自以爲是的話。

這是一種或然率論的回答方法。當別人問，往左還是往右時，以我自己來說，我會連「往上」或「往後」等對方事先沒想到的選項，都一併考慮進去。這麼做似乎是想置換成自己也不明白的問題，以驅散無聊。但是，這種思考遊戲，有時會突然跳出新點子，所以千萬不能小覷。不過我必須招認，因爲聽錯或看錯而想出的創意，同樣也不在少數。

至於別人來求選擇問題的答案時，我心裡眞正的想法是：「選哪條路都行吧？」可能有人覺得我沒誠意。但仔細想一想，大部分的問題，眞的都是選哪條路都行啊！

不久前，井上陽水戲謔似的笑笑說：「可是，當我說我要成爲歌手的時候，大家都反對。」這句話在我心裡迴盪了許久。井上陽水說這句話，當然是在他當上歌手之前，他成爲歌手後，成功之路確實走得相當艱辛。這段過往每個人都知道，而且，就算他初出茅廬就一帆風順，一路走向成功的機率也微小得幾近於零。說得更難聽一點，就算外表看上去一度走紅，但若想追求在音樂界爭霸的路，可能性應該又小了許多。

井上陽水在音樂界，已經稱得上是大師級的人物。我們很難想像，如果當初沒有選擇音樂這條路，會怎麼樣呢？但我敢說搞不好失之東隅，收之桑榆呢？即使是機率只有十七萬分之一、小到接近零的樂透彩，也一定有中獎者。井上陽水成為歌手的過程，不能和中彩券一概而論吧！該怎麼樣才能實現夢想呢？畢竟只要能思考、多下工夫努力，就能改變機率。

遭逢重大變化的人們，回顧來時道路，總會感到不安：「到底這麼做對不對？」我也不知多少次懷疑自己「如果不選這條路會不會比較好。」但從來沒有認眞的認爲「選錯邊」。總覺得我對已結束的事，包含失敗在內的全部，都認爲「這樣也好」。

並不是正向思考那類的想法，而是我隱隱相信，失敗或倒楣的前方，意外的會有個更想去的地方。實際上一定有人善於選擇大家可以理解的右邊或左邊，但是，大部分的人應該都做了很多「早知就不做了」或「啊，完蛋！」之類的事。不過，那種落空的狀態，大抵上（即便是繞了遠路或是成爲障礙），都會留下因它所賜而看到的事物，或是因爲它而揀到的好東西。選擇一般人認爲不正確的道路、與一般人的幸福觀點有所差距，或是經歷過失敗的人，都會因爲它而變得堅強，或是得到其他更好的機會。這種事我看多了。

「選哪條路都ＯＫ吧？」

這是我對經常失敗的自己，不時會說的魔法話語。

沒有人叫做「消費者」

人們對其他人都會有各式各樣的形容，那個人好頑固、那傢伙眞有意思、其實那個男人很善良等等。

一個被說是善良的人，與另一名被說是善良的人相遇，應該一定會相處得很好吧？但其實未必如此，溝通並不容易。

人類有握手的習慣，據說它的起源是來自互相確認彼此沒有帶武器的儀式。也就是說，即使完全不清楚對方的性格，如果能互相宣告「我沒有武器」，就能避開最大的危險。我猜恐怕是因爲「熟人都未必了解，陌生人更不可能隨便看透」，才發明這種禮節吧！人與人之間不容易很快熟識，因此思考如何溝通十分重要。

然而如果不快速了解、匯整起來，就無法往前進，藉著這種理由，我們有時候會把人簡單歸類。像是什麼樣的人會買什麼商品，也就是所謂市場行銷的手法。我並沒有全面否定的意思，不過，當看到人們把市場行銷，當成宛如「物質有引力」那種科學來談論時，總覺得這兩件事應該不能混爲一談。

第一，其實並沒有一種人叫「消費者」。

買什麼東西、接受什麼服務時，那個人雖然正在扮演消費者這樣的角色，可是那是在某特定場面或時間中的位置。

常有人說，最近消費者變聰明了、變精明了，可是那並不是指「消費者這種人」全都變聰明了。

在買香蕉時，扮演消費者的人，在別的時候賣衣服，這種情形現在已經是理所當然了。買方在別的地方也在體驗賣方的立場。現在在日本，有百分之六十五的人從事資訊、服務業，也就是第三產業，幾乎所有的人都在某個地方處於「爲人服務的立場」。也就是說，大家都是同業，因此人人看起來聰明或是精明，乃是再自然不過的事。

多種人格在閃爍

發送者與接收者已無從區別。現在的市場，可以說就是賣方與賣方互相買賣，但同時也可以說是買方與買方之間互相買賣。所有人的某個立場都像是會閃爍的東西。例如，某位母親有時在扮演「我是媽媽」的立場。

但是在下一個場景，它就消失了。原本「我是媽媽」處於亮燈的狀態，但是孩子就寢之後，身爲母親的狀態消失，她變成了「看電視的人」或其他狀態，所以，這時候看電視的人狀態燈亮了。

總理大臣也是一種立場，但總理大臣的燈如果沒有一直亮著，一不小心就會說出不適合總理大臣的發言，在各種方面遭到指責。其實，就算是總理大臣，他也和其他人一樣，有許多層面的自我在閃爍，所以，總理大臣的燈應該很難永遠不熄的亮著。但是人民要求總理大臣這種職業的人，必須隨時都是總理大臣，所以他的立場眞的是難上加難。而且，如果總理大臣的燈一直開著不關，又會有人批評他「沒有人情味」或「太死板」，眞是有苦說不出。

不過，被冠上「消費者」的名字，以爲可以用市場行銷這種「科學」（？）來控制的民眾也很嘔。因爲他們很想吐槽說：「我們怎麼可能做那種事？」

在電視節目的企畫會議上，上層指示「重點要放在挖掘F・1層（指年輕女性觀眾的類別）」，怎麼聽都很怪。考慮設立女性專屬的網站時，把「時尚、美食、娛樂、事業」等元素排列在一起，也很奇怪吧？我不知道把這些喜好作爲女性的特質，是不是「市場調查」得出的結論，但如果我是女性，肯定會覺得哪裡不太對。

風行一時的流行詞「女生大叔化」，或是近日少女之間諷刺式的流行「大嬸裝可愛」

（把歐巴桑的時尚視爲可愛）等的舉動，可以說都是對被行銷掌控資訊的造反。女生在雞肉燒烤店裡喝發泡酒談論司法，沒什麼好奇怪，同一個女生買某家名牌的衣服、爲新口紅心動，也完全不值得訝異吧？

角色是會閃爍的。

我在寫這一篇文章時，多次成爲「瓶裝茶」的消費者，成爲丈夫、報紙購讀者、成爲棒球迷，讓多種人格亮起又熄滅。別人想要了解這樣的我，恐怕有困難吧！

不要想著如何用科學快速整合，而是思考互不理解的人們該如何取得彼此的信賴，才會符合未來社會的需求。

以上的論述，並不是「眞心話與場面話」二元論。因爲，如果認爲有堅定不移的「眞心話」，那就表示不接受「閃爍」這回事。

有人說：「那傢伙話說得很漂亮，但背地裡其實是個奸險小人。」乍看之下，好像在敘述那個人的本質，其實是把某個做法視同「奸險小人」，然後把「那傢伙」框限住，於是「那傢伙」不論做什麼好事或說什麼好話，都不再受到肯定。政治家全都是爲了錢才搞政治的觀念、有錢的全都是壞蛋的觀念、毒舌的人心腸並不壞的觀念，都是大家兜了圈子的二元論。

這樣一來，看起來像好人的好人會感到爲難，因爲就算是爲難的好人也會想些不好的事……總之貼標籤或是簡單分類，眞的是個禍害。

把自己當成別人的遊戲——姑且極端一下

笑話當中常會有「取笑極端的故事」。

接下來的內容有點不入流，請見諒……有個不論什麼事都要追根究底的男子，蹲在廁所裡吃咖哩。突然間，這個人領悟到一件事。反正食物都會變成那樣，那何必特地去吃它？男子決定不吃咖哩，把它倒進馬桶裡沖掉。

這是個有名的笑話，可笑的地方在哪裡呢？就在咖哩本來就長得像大便，這是低級笑話的要素，但核心的笑點並不是在那裡。

我認爲趣味點在於聽者帶著「也許這話有其道理，但是那是兩回事！」的想法去解讀這故事。

把咖哩沖掉的男子，在某種層面上並沒有錯。反正吃了也要拉，何必那麼麻煩去做「吃」這個動作呢？不吃的話，可以省掉做咖哩的工夫，連不需要製作咖哩所需要的各種食材或栽培作物，都可以合理化了。

你一定會想「才不是呢！」就因爲任何人都覺得不是這樣，所以這才叫做笑話。那麼到底哪裡不對呢？不管再怎麼麻煩討厭，「吃」這個行爲本身就是目的。咖哩雖然長得像大便，但我們人類並不是藉由吃去製造什麼，而是在「做」吃這個動作。

但是，當別人煞有其事的說出這個笑話時，聽眾的心理會稍微動搖一下，覺得：「咦，好像也有道理哦！」從動搖開始思考反駁點，然後全身心一起了解，實際上並不是那麼回事。

咖哩與大便，是個取笑「極端」的笑話。並且，藉由把故事說到極端，重新理解吃東西這件事的意義。像這樣一時將事物「極端化」，便能看見出人意表的發現。

例如……呃，又是低級笑料，請包涵。假設有個人爲自己的雞雞太小而煩惱，大神對這個人說：「那把你的雞雞拉長成五公尺吧！」那人一聽，肯定傷透腦筋吧。那麼，四公尺、三公尺……帶著不斷減價的感覺縮小後，自己才明白「期望的長度」在「○公分～○公分之間」，領悟到「果然二三．五公分太大，反而成了麻煩」。

想發財也許也有相似的狀況。大神在這裡又出場了，他說了極端值，「那麼，我給你百億萬兆圓吧。」麻煩請不要用「沒有那種數字哦」來吐我槽。總之，假設他要給這麼多錢，於是，你又重新開始思考。

我．到底．想．做什麼事？我．到底．想．要什麼？

得知即將得到可以買下全世界的錢之後，不得不思考自己的欲望是什麼。

有個我不太想寫出來的例子。比如說，你有個恨不得殺之而後快的人，應該會覺得，最好用盡可能殘忍的手段殺了他吧？對一個恨之入骨的對象，絕對不會想到舒服的安樂死等方法。那麼，不妨試著想像如何給對方極端的痛苦，也許會想到「惡毒到那種地步，自己豈不也成了歹毒的人？」從一開始就想到「恰如其分」的方法，是極爲不易的事。

不如我們姑且想個最極端的狀態，這樣就能對自己心裡眞正的期望，像是「不需要到那種地步」、「這樣太過分」或是「這麼做豈不失去了意義」等，勾勒出一點輪廓。

你說過「我會永遠等下去，直到你說ＹＥＳ爲止！」這種話嗎？你心裡對「永遠」兩字大約是幾年的印象？難道你不會懷疑，意外的連幾星期、幾天，你都等不下去？還是就算轉世七次都能等下去呢？

很久以前發生的事。我聽說「韓國職棒的選手輸球後去吃飯，被球迷撞見，結果被罵慘了。」一個平時動不動就罵「那種選手該判死刑」、「把年薪給我降到三百圓！」的阪神死忠球迷朋友告訴我，就算要球員抱著必死決心贏球，也不能干涉到那種地步吧。這也是極端故事讓心情認眞起來的範例。

先想像一下極端，然後就會看見種種事物的輪廓。我想到有人聊著生態學，到最後竟然討論起微生物的權利了。不過也有人更進一步開玩笑的說：「細菌也是人呢！」極端思考，說不定會成爲哲學的入門哦！

放進燈油罐的香奈兒還是香奈兒嗎？

話說，我經常會用到「商品環境」這四個字，是一種「商品是包含環境的商品」的思維。商品本身的「單體」並不能擁有價值——我想說的是這件事。

說個比喻好了。任何人都聽過的大品牌——香奈兒香水。它是價值穩定的商品，但是，如果把香水倒進燈油罐出售，你猜會怎麼樣？操著鄉音的阿姨穿著圍裙，把放在破倉庫裡的香奈兒燈油罐丟過來說「喏，香奈兒咧」……它便不再是香奈兒香水，而變成別的東西了吧？只有在裝潢得美侖美奐的店裡，向穿著優雅的店員購買，包含上述的一切，才叫做香奈兒。

總而言之，所謂的商品，是包含整個環境的商品，所以顧客追求的也連同了整個環境。

這是個簡單的例子。但按照以往工業化社會式的說法，製造一顆螺絲，與製造一瓶香水的處理方式是一樣的。螺絲本身的品質如果優良，好像可以不用管環境如何。

但是再仔細思考之後會發現，我們也可以說，這筆買賣的完成，也含括了螺絲製造商老闆的魅力、經營狀態等要素。所有的商品都有環境，加入環境，商品才得以成立。最近流行的「品牌論」大致可以用這套「商品環境論」來解釋。不過將品牌論，翻譯成日文的「評價論」來思考，似乎又能產生新的靈感。

我從評價這個詞連想到的，是江戶時代浮世繪出版商蔦屋重三郎。蔦屋重三郎靠著《吉原細見》[19]的商品賺得了第一筆資金。

這本書是吉原遊女人氣投票（評價目錄）的印製品，有人實際用得到，也有人只是當作參考的資訊，據說空前的暢銷。靠著每年的再版收入，蔦屋重三郎才能成爲喜多川歌麿、寫樂、十返舍一九等畫師的贊助人和出版商。

我想，當時人們使用的「評價」二字中，應該已經包含了品牌論和商品環境在內了。說到品牌策略，感覺像是時髦的思考方式，但在日本早已有「評價」的概念存在，所以我認爲研究那種符合日本人作風的方式，比較容易理解。

外國引進的新商業理論，也許沒想到其實在日本歷史中早已是老生常談的智慧。

譯注19．記載吉原紅燈區裡店家和遊女名字的導覽書。

與其把它當成洋理論來學習，抱怨某些西洋人只靠數學或理論，有些部分很難解釋，不如改用日文的概念來思考，說不定一看就懂了。

前一陣子炙手可熱的「柏金包」，並不是柏金做的皮包，而是女明星珍·柏金愛用的皮包。那個皮包成爲眾人渴望的商品。柏金只是一名使用者而已，但她卻成了商品的暱稱。

同樣的例子中，還有摩納哥王妃葛麗絲·凱莉用過的「凱莉包」。並非商品本身的資訊，而是使用者的資訊（成爲好評價），爲這只皮包的「商品環境」塑造了良好形象。當然啦，泉萍子[20]成爲香奈兒的商品環境，不知會對商品造成什麼樣的影響，如果判斷是「好的」影響，香奈兒有可能推出「萍子包」也說不定。

在日本，使用者塑造大商品環境的範例，應該以「宮內廳御用」的形象最爲強而有力吧！

譯注20．日本老牌女演員，曾飾演〈阿信〉中女主角的母親而受到海外觀眾的認識。

第 5 章

網路式表現法

真正我手寫我口

別人說我的文章裡用了很多平假名。我個人並沒有刻意多用拼音字，只是覺得世人用漢字太多了。人在說話的時候，大抵上不會意識到自己在說的是假名還是漢字。漢字原本是從中國傳入，所以，作爲口語使用的時候，有可能像外國話般，讓人一時聽不懂在說什麼。網路上的文章，我盡可能都寫得讓網友「用耳朵來讀」。

每次整行切換字型時，電腦會把我不想變成漢字的單字，多事的轉成漢字，所以，很多時候我都會再次恢復成平假名。對我來說，用假名寫，才是知性的文章。不好懂的事，讓它保持艱澀的原貌，好像就沒有那麼難懂了。若想把不好懂的事，盡可能得簡單好懂，那麼說話的人必須切實理解，否則可能弄巧成拙。所以，一件事除非能簡單的說明，我絕對閉口不談。雖然有時候也會好面子吹噓一番。姑且不管內容如何，但反正不是飆車族噴在牆上的塗鴉文，不用寫得滿篇漢字吧！

漢字是從中國傳進日本的，日本還擷取了很多其他國家的語言文字，曾有一段時期，人們用它來炫耀。寫文章，是一種上等人的行爲表現吧！就像精英的資格審查，「會寫漢字」這點便具有價值。依然保留那時代意識形態的人，也許會很想使用漢字。

寫文章爲既定知識階級的資格，乃是「科舉」時代一脈相承下來的幻想。然而現在，寫文章已不再是什麼資格或其他，卻仍然抱著古老的意識，令人不禁皺眉。就好像坐在車上，腦中還抱著汽車剛發明時，只有精英才能駕駛的古老想法一般。

以往的寫作者大多把心思放在文形如何工整、如何呈現等重點上，而較不重視簡明的陳述。這也無可厚非，畢竟文章的確有風格（文體）的美感或性格，對此我深表尊敬。不過大家一味追求文體，卻把「想傳達的訊息」擱在一邊了。

總之，我想說的是，可不可以別再故意寫得艱澀難懂，或是寫得詞意不通，以免眞的令人看不懂，或難以通順呢？在以知識或思考爲武器，寄望別人認同自己的場合上，大家好像會故意談些難懂的事物。

在將耳聞之事寫給別人讀這件事上，我覺得邱永漢的文章最令我佩服。他的敘述總是讓別人自然而然能看懂。這看起來很容易，做起來卻很難。我想這是因爲他只說自己熟爛自如的事物，而且也不乏深度，眞的是非常優秀的範本。

最近像是對談稿等，也都寫得像是台詞稿了。我猜想讀者可能會對愛寫難懂文的作者，產生「你寫的難懂文，無法消受」的感覺。所謂的「寫作者」、「閱讀者」等「階級」都在漸漸消失，然而某些自認「寫作者」比「閱讀者」高一等的人還在用晦澀難懂的話解釋困難的事理。

生產和消費的關係正在變化，似乎與這部分有若合符節之處。不管是知識的量、教養的範圍、某種業界用語等，都在漸漸失去意義而消失。儘管我們姑且不談這種現象是好是壞，但在這樣的社會結構中，人要怎麼傳達事物，仍是我們想問的問題。

寫滿兩張稿紙

網路的出現，讓寫文章這種「看似困難的行爲」變成其實「誰都可以寫」的事。用手機・i模式[21]寫郵件，雖然讓成年人皺眉，但不可諱言的，那也是寫文章的一種方式。

譯注21．日本NTT通信公司於1999年提供的服務，使用者只要可開啟i模式的手機，就能用它收發電子郵件和上網，是手機上網的先驅。

只要讓人意識到要寫作，不論是誰，都會產生茲事體大的感覺。回想過去，我是個只要老師在學校作文課上宣布「用兩張稿紙寫一篇作文」，就全身發抖的小孩。

但是，現在用網路開設網頁的青年、用電子郵件「聊天」的少女、應該隨隨便便就能寫兩張稿紙分量的稿子。只要不在乎文體、有人批評，或是給分數，照著說話寫文章一點問題也沒有。

當然，用這種表現寫的文章也有缺點，那就是有人會嫌它不美，也會有人批評它是垃圾。

但是，如果太輕視它，認爲全都是垃圾，那可就大錯特錯了。因爲那些未經磨練、被評爲「不美」的文章，確實存在著吸引人心、令人感動的事實。

比起用委婉文體寫「白頭翁來到院裡啄食茱萸」的散文，或是「並不是女子的畫法」等類似評論的文章，事實上，高中生如實寫出生活中的趣味，反而更能打動人心。也許可以說比起自稱的藝術作品，大家追求的民藝品，更能讓世界變得更豐富。

但是，我無意忽略眞正美好的藝術，我相信眞正的藝術家並不會爲我這番話而動怒。

我雖然有這樣的主張，但也對昔日保留下來的表現懷有鄉愁，而且也特別喜歡爲我個人感覺優美的文學、只有佩服二字的卓越技法所折服。

但是，我特別想說一點，誰也沒有權利小看一個平凡生活、並非以表現爲業的人「想要傳達」的心意，而且我也不想阻礙從那種文章中產生新的表現或感動。甚至，儘管那是不精緻的東西，卻可能成爲稍微讓世界變得更豐富的表現，而我想要擔任那個催生者的角色。

就興趣而言，我說不上喜歡，但說得極端點，我對在網路上某些包含〈我的日記〉或〈吾家寶貝寫眞集〉等，別人認爲上不了台面的作品，都抱著認同的立場。貼出來的東西，既然敢貼就沒問題，我肯定自我滿足的表現。

並沒有什麼作品是人人都嫌糟的。水準低的表現，自然會有臭味相投的某人接受。青菜蘿蔔各有所好、兒子再醜也是寶，形形色色都有。再怎麼樣名家的作品，追根究柢一想，也並非全世界的人都能認同。自己孩子的照片，怎麼看都可愛，不是嗎？這也沒有什麼不對。畢竟在「所有家庭的自己孩子」當中，也有眞正可愛的孩子混在其中。

我並不會討厭高中生情侶穿著制服在電車裡，深情相視的畫面。在他們的小世界裡兩人心靈相通，那是他們的心爲與別人都不通的某種東西而打動了。兩人儘管害羞，謹守著社會的約束，神情難安的凝視彼此。存在著類似這種景象的文章，又有何不可呢？

改變日本流行樂的能量

有個節目我敢打賭年輕人絕對沒聽過，它叫做〈電吉他闖關大戰〉[22]。節目的名稱「ereki」，還必須特地與百年前的平賀源內攀上關係[23]。那個時期，「電吉他」與「不插電吉他」還是必須精確區分。不過我想這不是重點。

總之，當時有這種運用電吉他的「樂團比賽」節目，也是現在幾乎被認爲是日系樂

譯注22．於1965年到66年間在日本富士電視台播出的音樂節目，以樂團闖關比賽為主，為電音樂團熱潮的先驅。

譯注23．當時正是電吉他走紅的時代，電吉他來自外來語「electric guitar」，但簡稱卻是「ereki guitar」，主要是因為江戶時代的學者平賀源內引進荷蘭製的靜電產生裝置，當時「電」這個詞沿襲荷蘭語，稱為「ereki」，對日本人來說，這個念法較為親切。

團的「投機者樂團」的全盛期[24]。

從前，演奏樂器也是上等人才有的消遣，算是情操教育的一環。那個時代，家有鋼琴是有錢人的象徵。在學校吹直笛，就算是樂器演奏具體教學的時代。也就是說，音樂是用來學習的，完全不是享樂的工具。

江戶時代市井小民彈三味線、地方祭典上年輕人打太鼓，並不是教育，而是興趣。所以，在日本「樂器演奏」並不是鎮上哥哥姊姊的興趣的時代，可以說比過去更貧瘠。

就在這種氛圍中，電吉他出現了。它是樂器演奏，是吉他。用電力增強音量，發出極大噪音的「電吉他」出來了。到這時候，樂器學習的印象退到後面去了。電吉他「迪轟轟轟轟」的「滑音」奏法，是表現波浪崩落的手法，但聽起來幾乎就像飆車族機車的排氣音。

因此，受不了學校音樂課的不良少年少女，大家開始彈電吉他。音樂知識和麻煩的練習都暫且丟到腦後。就算看不懂樂譜，也可以享受音樂。總之，先把耳朵聽到的

譯注24．於投機者樂團（The Ventures），出道於1958年美國的電音搖滾樂團，卻在日本大放光芒，日本的流行樂文化幾乎都受到他們很大的影響，進而連台灣也是，不論在布袋戲或是夜市裡都能聽到他們的電吉他樂曲。

音樂彈出來就行了。戰後的日本終於追上村祭太鼓的往昔。

那時散布全日本的無數支吉他，改變了日本流行樂的環境。大家這才發現，會不會念書、有沒有學鋼琴、戴不戴無框眼鏡，與快樂的玩音樂，完全是不同次元的事。

高中教室、寺廟主堂、後巷的長屋、簡陋社區的小孩房間、汽車修理廠的車庫……各個角落都聽得到「迪轟轟轟轟」的聲音。

如果沒有〈電吉他闖關大賽〉那種時代性的變化，就鍛練不出消費的豐饒性。大家習慣了有電吉他的環境，身邊圍繞著「幾個朋友在玩樂團」的狀況，因此人們聽音樂的耳朵也才變得成熟。如果沒有聽得懂高度吉他技巧「炫技」部分的觀眾，地區的音樂家就不會成長。在學校以外的地方，眞正具音樂性的音樂發展起來。而它的起始點，就是會發出爆音般巨響的電吉他。

我也許也把網路當成了電吉他來思考。

別人眼中「音樂成績最爛」的傢伙，一拿起電吉他，就成了傑出的吉他手。這種事眞的發生過。如果不曾與電吉他相遇，他也許一輩子都不會彈奏那些音樂。

搶救胎死腹中的點子

是不是有很多人在各種場景中，創造著無數未成形就消失的創意點子呢？因爲用不到，才剛產生就消失了。這種東西叫它「發想」或「創造力」可能太誇張，我把它叫做「胎死腹中的點子」。

我自己也是一樣，對某些無關業務的主題想到了什麼，最多是寫在筆記紙，或是說給鄰居的朋友聽，不久後便消失。

不管是印刷品或是電視，媒體就像不動產，是有限的。就像土地，有面積、有有限的時間，以把它分割出售的形式，買賣成立。所以不論是誰都得不到在該筆土地上蓋房子的權利。只要沒有發表的媒體，就算配合該土地的狹窄，設計出各種建築也是徒然。反正，即使有好點子也不採用，想到這裡也就不去多想了。

假設，現在我想到一件「有關水獺尾巴」極爲有趣的知識。可是卻沒有發表的空間。相反的，某家雜誌做了一個「好萊塢二十世紀代表女星的性感部位」的企畫，請我寫一篇稿子，但我一來沒有興趣，二來也沒有好想法，只好回絕。兩邊的「創造性」都還未見到天日，就胎死腹中，消失於無形了。

現在在思考的想法，如果不趁著新鮮把它說出來，幾乎都會消失不見。可以說，這種程度就消失的東西，也沒什麼了不起吧！但如果試著說給別人聽，至少起個頭，點子或創意會膨脹或是變化，很可能變成一個大的點子。披頭四的每個成員，都是漁村裡玩樂團的小孩。如果他們想到點子就止步，就不會有後來的披頭四。

總之，只是各種場景掠過的思緒片斷也沒關係，先互相丟出來看看。這和製造電腦「反覆試驗」軟體商品的過程一樣。

和投合好友聊天，創意會像遊戲自然形成。當下互相丟出的只不過是小小靈感，就像企畫還沒有完成的階段「再多一點就能懂了，可是，還很含糊、沒有成形」的狀態。如果這時有懂你的好友在身邊，有時會突然靈光乍現。朋友之間的談話是減少藏寶不用的最佳時機。

如果有網路，這個時機就算不用找朋友過來也能完成。因為面積不再有限，想開褪多少都隨便你。本應消失的胎死腹中的創意，包含「別說那種傻話了」或是「話題走偏了」等無用的雜念，都能發表出來、互相交換。換言之，你可以祭祀胎死腹中的創意，或是將死掉的創意合體。我每天推出《幾乎日刊糸井新聞》多年不墜，可能就是祭奠死去創意的創意吧。因爲在《幾乎每日》登出的所有內容，並不是向誰求稿得來的作品，而只是準備了一個空間，把想寫的東西刊登出來而已。

網路形成後，常有人跟我說「任何人都可把想到的事排放出來」，不管那意思是否定也好、肯定也好。但是更重要的意義是，因爲能夠排放，「不再有徒勞的想法或點子」。知道螢幕前面與後面之間「有人在連結」的感覺，提醒人們想起思考創意、發送、接受的喜悅，是具有革命性的。

與手寫不同——清潔但輕便的制服

這時候才提似乎有點晚，但我很想在自己還記得的時候，寫寫「手寫」與「敲鍵盤」

的不同。

我是在一九九七年的秋天，放棄手寫。也就是買下電腦，成爲創立《幾乎日刊糸井新聞》的契機時。

在此之前，我一直認爲手寫比較快，也覺得文章，包含文字的個性，是用來讓人閱讀的，所以我雖然買了文字處理機，卻從來沒有用它。雖然很多人推薦我文字處理機，而且也有點仰慕的心情。但我甚至抱著「寧可一輩子不用」的意志，最大的因素可能是和英文會話一樣，難以忍受學習期間的滯礙不便。

然而現在，我卻成了不論做什麼事都用電腦，只有特別目的才手寫的狀態。人的意志眞的靠不住。

如今所能想到的手寫優點在於，可以把「下一個字」寫在任何位置。放入插圖、或是刪除再補充等動作，都會如實保留下來。雖然用稿紙寫的話，下一個字的位置一定是下一格。但若是用白紙想點子的時候，便可以自由的在任何位置隨便寫。似有相關的單字、文章，上下左右，愛怎麼寫都行。文字的大小和粗細也隨你自由。

即使是現在，當有這種需要的時候，我就會拿出白紙和鉛筆。想要的位置、大小都能立即顯示，眞的很棒。偶爾暫時記下想法，後來並沒有意義的文詞，也會在紙上留下痕跡。它會成爲想法被框限住時，奮勇突破的材料。夾雜噪音的資訊熱烈的留著。而且，一些感情、動機無意識的表現在文字上。這些優點都不是敲鍵盤可以做到的。

但是，換成敲鍵盤之後，就不能那麼做了。用打字製作稿子或文件的最大好處，就是立刻可以「派上用場」。如果用電視購物的口氣，就是「可以直接出貨給顧客」吧。

如果用手寫的方法亂寫塗鴉，是類似生鮮食品的話，打字就算是冷凍食品。是否也可以說帶魚腸的鮮魚是手寫，生魚片就是打字過的文稿呢？

活用「附魚腸」的點子

我想到點子的時候，大多是帶魚腸的魚。

「我已經知道要說什麼，但還沒有整理好」等，是我經常掛在嘴邊的話。沒到可以發表出來的程度，但自己知道是什麼——一定是處在含糊不確定的地帶吧！如果把它寫成完整的文章，會變成不一樣的東西。也就是說，我還沒能到位的把「什麼在上，什麼在下」的條理分清楚，有時說到一半還會跑出直覺式的跳躍邏輯。但是，我會在修改的過程中，整理成好用的版本。

別誤會，我並沒有想把自己的工作，說得充滿神祕感。我覺得大家都是這樣做的。首先看到一團明亮朦朧的東西，混濁起伏的蠢動。然後慢慢找到答案。大概是這樣的狀況。

很多人推薦我用「草稿型」的軟體代替發想筆記，但是，一次又一次使用時刪去字句，改變思考的位置之後，肯定也會變成同樣的打字稿了。然而，相比之下，在白紙上用稍微俯瞰的視線觀看，同時寫下備忘，反而比較快。

有一種肖像畫是作爲通緝用的。那種畫必須將臉部特徵一一轉換成文字資訊。從高重要度開始寫，大概不會記載到「眼光銳利」、「眉毛較粗」吧。目擊者與畫師一面討論著：「對對，就是這種感覺，但是眼神更猥瑣一點。」一面畫出來。雖然很難言傳，但人與人之間的溝通肯定能快速達到某種共識。

《幾乎每日》的換行格式

現在的《幾乎每日》格式，在產生某種換行潛規則之前，也做過無數次測試。像是爲橫排傳達訊息時的易讀性，需要接近說話的斷句法或是換行等。但是太接近白話，也會變得很凌亂。這種文體感覺較爲成功的，就是現在用電子郵件寫的文章。

但是，事實是，現在的我撰寫的「打字稿」量比手寫多了數百倍。這是因爲，我的工作大多是需要用驚人速度，快速送出資訊產品的內容，而不是再三鑽研、醞釀多日而達成的工作。畢竟，不是從事相似工作的人，無法了解每天發行《幾乎日刊糸井新聞》的恐怖。因爲我的工作形態，像是把煮好的麵給人當作立食麵吃，而且對方吃完還會說「嗯，好吃，我會再來。」的狀況。

《幾乎每日》的換行格式範例（引自2001年6月22日〈今天的達令〉）

今天的達令

（最新介紹）

幾乎日安，我是darlingdarling。
不知從什麼時候開始，寫信的第一句問候，
我想寫成「幾乎日安」。
不時讀者們會在提問中問道：
「你不再使用幾乎日安了嗎？」
沒啊沒啊。怎麼了，我很常用的啊。
我的漢字轉換鍵儲存了幾組詞彙。
當我打入「幾乎」的時候，會出現
・幾乎日安。我是darlingdarling。
・幾乎日安。我是糸井。
・幾乎日刊糸井新聞
・「幾乎每日」
四種事先輸入的選項。
寫郵件的時候，我最先打的是「幾乎」。
說起來也許很無聊，
但因爲開信箱寫信讀信不用分早中晚，
所以全時段都能使用的招呼語比較方便。
我會用到不想再用爲止。
順便一提，我在優奈特小姐的文章中
發現她經常用「噗怦噗怦」這個詞。
最近，寄到「幾乎每日」的郵件，
到處都看得到「噗怦噗怦」這個詞呢。
原本就在年輕女性之間潛在的流行嗎？
聽優奈特小姐說，
這是一種混雜了「噗通噗通」和「怦怦跳」的心情。
這個詞也用到不想再用爲止吧。
HOBOP & HOBOT已寄來的快樂郵件
歡天喜地的傳來了。讀到這種郵件
眞的讓人疲倦一掃而空。

做這種工作，我自己寫的文章和《幾乎每日》同事的文章，必須有某種「集體的個性」。文體或思考方法方面，我會尊重各人原有的個性，但表現的形式上，做「統一的服務」比較好。

基本上以《幾乎每日》來說，以橫排最多二十七個字構成。並沒有特別的理由一定要二十七個字好，二十六或二十八個字就不行。我們是從經驗決定了這個數字。

換行的規定是「讀起來通順的換行」。最理想的狀況是重新換行幫讀者設想到節奏。這看起來容易，做起來難，所以新員工剛進來時，大多會出現「哪裡怪怪的」的狀況。不過「哪裡怪怪的」並不是什麼大不了的問題，所以，與其仔細的修正，我們會先與員工談談《幾乎每日》獨有的思考方式。

我對《幾乎每日》員工要求最嚴格的，是在文章中如何思考「對方與自己的關係」。我們的原則是以「如果你這麼寫，讀者會那麼想的呀」的方式，撰寫盡可能從讀者角度讀起來愉快的文章。當然這並不是一蹴而成的技巧。但是，每天大量寄來的郵件中，感覺不錯的文章、和失禮邊緣的文章混雜在一起，不論好或壞的範本都看了很多，在執行的過程中，員工們也會漸漸領悟吧！

「不說不懂的事」

另一個重要的原則是「不說不懂的事」。

人常常會不知不覺說出明明不懂但聽起來很神氣的話，或是不懂卻說出似是而非的話。大家說得那麼順口，幾乎都可以拿「無意識」作爲藉口了。這是非常不好的行爲，但必須常常檢驗，否則大家還是會犯。「這種浪費錢的行徑，以後一定會報應到人民身上，希望能嚴加監視」等，令人懷疑眞假的事，大家好像都漫不在乎的在說。

相反的，文章裡充斥無意義的論調也不太好。由於減少訊息性永遠不會出問題，所以經常不自覺得寫成四平八穩的泛泛之論。這麼說對當事者雖然不太客氣，不過我把這種文章取名爲「FM文體」。

比方像是「天氣變熱了啊。夏天差不多就快來了。想必有些人正在考慮，該去採購泳衣才行。可．是．呢，先想好跟誰去海邊再說吧。呵呵呵。約什麼人比買泳衣重要哦。哈——可是，我也是孤單族的女人之一……算了，走吧。」

這種文章要多少都寫得出來，完全沒有內容。這種方向也令人頭痛，很難保持內容的平衡。類似這樣，還沒有討論到內涵的階段，光是訓練同事們達到《幾乎每日》的專屬風格，就需要花相當大的指導勞力成本。因爲這不是可以歸納成指導手冊，丟給他一本書就能做到的事。除了不惜辛勞，不斷討論之外，別無他法。

我寫的這些，說不定讀者看了，只覺得「這不是常識嗎？」看完就丟到腦後去了。但眞的非常困難。

現在我每天要看兩百封以上的郵件，如果是手寫信，恐怕會累慘。首先要煩惱，就什麼刀子來拆信封比較適合。手寫信有的用大字寫，有的畫畫，有的擠在便箋中，就像收到手織毛衣一樣，產生相當的負擔。雖然可以說它「蘊藏著心意」，但是一旦數量超過某種程度，就很難再這麼說了。

但是，這一點若放在郵件來看，大家都穿著同樣的制服，只要看著臉讀表情（內容）

就行了。

有人覺得，從某種意義上來說太乏味了。但「眾人與一人」的關係，在未來的網路式社會中，會變得稀鬆平常吧。思考到這一點，還是以肯定的態度，將它視爲極重要的變化比較好。在網路上交錯的資訊，理想上應該是朝著「清潔但輕便制服」的方向。請不要認爲只靠制服無法分辨。每個人的身高、五官都不一樣。

網路式資訊整理法

我的PowerBook的「冷凍庫」裡，很多吃了一半的食材都快要壞了。簡言之，就是我約略想到的點子，因爲沒有閒工夫細想，把它丟在電腦裡，等未來有空再思考的零碎點子記錄。有時候工作提不起勁，我就會從「冷凍庫」拿出快到期的食材，夜深人靜時分做起料理來。以前試過幾次，今天則挖出只寫了「椅子是鞋子」的便條出來。

鞋子要穿一整天，所以，大家都知道鞋子合腳是十分重要的事。而坐在椅子上的時間雖然比鞋子更久，可是我並不會像選鞋子那樣挑剔。不過這倒讓我想到是否應該用「椅子是腰穿的鞋」的概念來設計椅子呢？設計精美的椅子很多，但是否有眞正畫時代的椅子呢？如同競技運動為運動鞋帶來革命性的進步，椅子世界的「ＮＩＫＥ」會不會出現呢？

想到這個靈感時，我即把它收進冷凍庫。今天把這食材稍微回溫，寫成了一篇新的專欄。

寫一半、想到一半、不完整。這些文章或點子，不妨大膽的塞進自己電腦的冷凍庫去吧，沒時間整理也不用在意。很多時候稍微忘掉它，放一段時間讓它熟成，反而能得到好結果。當然，可能有些點子忘了之後，沒來得及使用就變舊、爛掉了。但那也沒關係。既然是容易腐爛的小點子，就放棄吧！

除了用白紙思考時以外，我一向堅決禁止自己寫備忘。這樣的我竟然會推薦「冷凍庫」，連我自己都難以置信。這可能因爲手寫的備忘，在轉變成產品上太麻煩，而數位式的記錄，稍微修正一下馬上就可以用的關係吧。

網路式時代的規則

《幾乎每日》大多時間都是全速運轉忙碌中。但最忙的時候，有時也會接到某雜誌的採訪要求。除了我自己覺得有趣的題材外，通常我不接受電話採訪。「我可以現在過去嗎」之類太興奮的採訪，我也會拒絕；也有接受的情況，都是看我自己怎麼決定。

對於別人的委託，答案好或不好，應該由受託者來決定。但是，長年工作中也會遇到有些人，連這麼簡單的原則都無法理解。「系井那傢伙幹什麼吃的！」某大報的大哥曾經撂下這種嘆爲觀止的台詞，不過領教這句話的是當時的助理。原因似乎是我拒絕了夜裡十一點的電話採訪。

某雜誌來電要求採訪，助理以外出爲由拒絕之後，對方卻問：「他到哪裡去？」言下之意是這麼重要的時刻，他怎麼可以不在。但對於某百貨公司的問題，就算問我，一來我不予置評，二來我也不欠那家女性週刊社什麼恩情。所以就算當時我沒有外出，我也一定在連串的會議或寫稿中，即使接電話的員工問我：「該怎麼回？」我肯定也會說：「說我不在！」

終於有一次出現這樣的狀況：「哪有員工也聯絡不上的道理！」怎麼沒有！只要我決定拒絕員工打來的電話，就會有。最後那位仁兄甚至還語帶威脅的說：「你是說我把這段對話原文照登也無所謂嗎？」我跟那位記者是借了錢避不見面還是怎樣？眞搞不懂他在說什麼。

這位記者的行爲，就像是在路上向一個人出聲招呼，對方不回答，他卻一再把臉湊上來，不斷糾纏著對方，向他問候。這種行爲幾乎已接近性侵了。對方有不回答的自由，如果他不能理解，社會的意義就不能成立。

我們不應該對性侵式的行爲置之不理。察覺讓對方感到不愉快，還變本加厲的繼續下去，說實在的，當事者本人也不見得快活吧。他應該時時刻刻感覺自己的靈魂正在污染，也許爲了把這種討厭的感覺蒙混過去，想辦法硬掰過去，以至於無限上綱了。最後就是「連自己都討厭自己」，以最絕望的結局收尾。

大方的「包容拒絕力」

我對幾乎所有媒體諸君，基本上都是一視同仁的對待。可以接受時就接受，必須拒絕時就拒絕；而如果我向對方提出邀約，對方應該也以同樣方式應對，這是人之常情。

對於曾經拒絕的邀請，一定有某個拒絕的理由，沒有必要一一解釋。男女配對的電視節目聯誼時也一樣吧！有的人因爲不想說「我不喜歡你」，改用「很抱歉」的說法來拒絕。這時不要窮追不捨，不正是下次還有機會時，可以友好交談的條件嗎？

我認爲大方「包容拒絕力」是存在的。尤其是挾大眾媒體背景做採訪時，謙虛遵從「決定權在對方」的原則是非常重要的態度。必須先想像對方不答應的狀況，才能思考如何讓對方不拒絕你。

我並不是想炫耀什麼，但《幾乎每日》向別人邀稿的時候，我們一定會表現出「吃閉門羹也不在乎」的心理準備。如果對方說「沒什麼原因，但還是算了」而我們回應：「無法接受沒有理由的拒絕」，那麼不僅是稿子沒有著落，連人與人之間的交流也會斷絕了。勉強別人接受自己需求的「強迫力」儘管會獲得讚許，但其實它與「包容拒絕力」是一體兩面。

最近，人們對不懂這種道理的男女，取名爲「跟蹤狂」。對於不懂這種道理的媒體，我不知該叫它們什麼好，不過從他們不具備「包容拒絕力」的意義上，我只想聲明「我不以爲然」。最可憐的是接電話的同事，儘管他們很努力的「對所有人保持禮貌」。

第 6 章

網路的幻想

社會上很盛行使用ＩＴ（Information Technology）或Ｅ這些字，這些新詞彙說明了什麼，又沒有說出什麼呢？這一章，我將重新來談「人」。

「買方」不在乎的事

Ｅ商務或網路商務受到過度吹捧，價值直墜而下，價值軸心搖晃，與之前簡直不可同日而語。若只看大眾媒體的報導的話，眞相到底如何，眞是霧裡看花。

走紅的時候，媒體端出了好多出色的劇本，但是一看它走勢下滑，便又說起另一套完全相反的劇本了。

不管走勢好或壞，他們都只是從這種商務中所謂的「賣方」立場來解說。生意做得好還是壞，對「買方」來說，都是不值得關心的事吧？

過去我也說過好幾遍了。沒有被消費的話，生產出來的物品只不過是庫存，說難聽一點，它的價值與垃圾差不多。若有人問，物品與服務發生在何處？答案並不是製造它們的地方，只有在交給消費者，被使用時，它們才眞的發生。

我來舉一個再明顯不過的例子吧。

請想像一家回轉壽司店，師傅正專心一意的捏壽司。他前面就是輸送帶，捏好的壽司陸續放在輸送帶上。壽司環繞旋轉，漸漸變得乾澀。

怎麼辦呢？試著改良輸送帶，提升捏壽司的速度，或是盡可能規畫顧客的座位？可是壽司還是越變越乾。

但其實對客人來說，那些事「根本不重要。」

E商務的種種話題，我覺得與這個例子如出一轍。問題在於壽司的美味度、店內氣氛等人的工作態度和材料的天然性部分，以我而言，如果可以，我寧可壽司不要旋轉。

進而，消費者的成熟與否也是個大問題。

也許我刁鑽了，但消費沒有創造性，所有的商品都不能成立。

先搞清楚真正想要的是什麼

例如對一般的小學生說：「你想吃什麼，我都買給你。」他們會很單純的回答壽司、漢堡或炸豬排等。但每天周而復始的這麼問，不久之後，他們就想不出想吃的食物了。

這是因爲孩子知道的菜單並不多。經驗總量不足的話，就產生不出欲望。年輕人一有了錢就去吃烤肉，或是突然發了橫財的人，全都去買天價跑車，也許是因爲除此之外，他們想不到要買什麼，是一種「欲望的貧困」。

我記得有個寓言故事是這麼說的：一對夫妻得到了機會，可以實現三個願望。肚子餓昏的老公先許願得到一條香腸。

貪心的老婆看到這一幕，勃然大怒的說：「好不容易有這麼好的事，什麼願望都能實現，你竟然許這麼廉價的願望。眞沒出息！」她忍不住怒喝道：「我希望那條香腸黏在你的鼻子上！」然而，這也成了一個願望，於是如她所願的，香腸黏在鼻子上了。驚慌失措的夫妻又許願：「拜託讓香腸從鼻子上掉下來吧」。香腸果然從鼻子掉落，謝天謝地、萬事太平……而三個願望也許完了。

擁有願望和欲望，真的不太容易。人們想要累積大量財富是一種欲望。可是事實上卻不曉得「要用那些錢做什麼」。

新商業模式有什麼道理？或是解決方案、成功、網路、行銷、創業者利益一律往前衝！之類的事，即使你知道得再多，也都只是集資方面的方法論，並沒有講解任何欲望或消費原理。這會使得賣方或買方，都失去了產生「想像」的力量。不論是考慮生意的人，或是本應消費的人，思考的目標到了「錢」的位置就停下來了。

對「消費的創造性」、「使用的豐富度」的想像力完全衰退，就算想盡辦法讓錢流通，但沒有人會感到興奮，也看不出快樂。

各位不覺得搞不清是愛情還是欲望，一味靠著醫療用威而鋼無意義提高性致的老頭，完全體現了現在這個時代嗎？但也許有些人會對這個比喻不以爲然吧！

首先要了解自己有沒有欲望，它呈現了什麼樣豐富的形式？能夠讓誰開心？我認爲這些問題比商業模式的發現更爲重要。

從潘朵拉寶盒出來的東西

所謂的網路式，我認爲比現在大家談論的「網路是什麼？」有更多意涵。網路本身並不是什麼神奇的魔法，網路只是將人與人、人的思考或想法連結在一起而已，所以社會是否因網路變得更豐富，得看使用的「人」如何思索事物，產生什麼樣的想法。

網路並不是爲了減少人力的工具，也不是可以代替人想出什麼好點子的構造。人想出自己要做什麼的計畫，才是出發點。

人的想法形形色色，可以爲善、可以爲惡，有的不足取，也有的很怪異，而網路就是把這些想法匯聚起來。既有平常生活中不曾看過的素材，也有些難以置信竟然存在的驚人資訊。所有的一切會在網路的世界裡漸漸累積，在某人呼叫時爆發出來。

以往被歧視、被壓抑的少數派資訊，在這裡也可以輕易的發送出去。怪誕圖像或色情圖片等存在於人類社會的意象，全部都會集中在此地，也可以接收。當可以化爲語言、化爲圖像的事物，全部噴發出來的時候，將能看得到以往「當成沒有的東西」。

也許人類終於打開了潘朵拉的寶盒，雖然好像很可怕，但是當無數欲望傾巢而出的同時，總體的智慧很可能也跟著出現。我們還不知道它會帶來什麼結果，就像藥物或核能的研發，不能無限制的認同科學上的進步，必須藉由倫理的煞車審慎進行一樣，網路所打開的潘朵拉寶盒，也許也會藉由倫理或宗教的制約，將盒蓋蓋起一半。但是可以確定的是，不論再怎麼禁止或看不到，卻無法否認有「想法」，但也覺得人類活得越來越急促了。

各式各樣的想法「爆發出來」的景象，與中醫的獨創想法很接近。就像中醫裡說「瞑眩反應」，身體在治療疾病的過程中，會長痘子或發熱的現象。

我承認西方醫學上去除疾病惡化部位，拯救了相當多的病患，但中醫的論點主要在取得人體全身的平衡，我認爲這種方法尤其符合網路。

當然，我的說法缺乏論證，你盡可以一笑置之。但是，在超級大量資訊互相複雜影響的網路社會，切除任何一個部位，都可能造成整體功能的麻痺。

提高自然治癒力，自然的化去小病或惡疾，我認爲是最爲理想的方法。

「翻身理論」發現問題

我們學習的步驟都是先思考，然後找出答案。學校裡的考試，也是爲發現答案而做的練習，評估解題能力的機制。

考試的答案對學生而言，也許是新鮮的發現，但答案「早就存在」老師那裡了。假如有老師與學生兩人，其中一方已經知道答案的話，其實也可以說，不需要再尋找答案了。至少，公司的會議上就是這樣做的。在我這個不太會念書的人看來，大家爲了讓任何人能找出同樣的答案，都做了太多努力了。

以前我爲某家百貨店年中特賣寫了一句文案：「好想擁有想要的東西哦！」我沒有用答案，而是用問題本身來做廣告文案。因爲百貨公司和廠商也不知道市場、時代在追求什麼，只好盡可能在商品做些小改良或小變化，丟出「小解答」。但這是不對的，如果不思考賣場需要的是什麼、人們確實感覺想要的是什麼，製造和販賣都會變得越來越難。這句文案的目的就是在丟出這個問題。

我的「問題發現法」非常簡單。很久以前就想到，目前也都沒有改變，在我來說算是十分少見的「大理論」(？)。

它叫做「翻身理論」。

內容就是找出無意識間感覺到的不自在。

人在寤寐之間會翻身多次，並不是有意識的，而是在全然無意識之下，調整身體在床上的位置、方向或姿勢。一直保持同一姿勢睡覺，不會用到多餘的能量，乍看會覺得比較輕鬆吧，其實不然。維持同一姿勢睡覺，與床鋪接觸的血液循環會變差。想必大家也知道長久臥床的病人，會生「褥瘡」這種嚴重的疾病，翻身便是一種在無意識讓血流循環順暢的活動。

長時間固定姿勢不動，對人體來就如同拷問一般痛苦。各位應該有在電影裡看過，犯人在監獄裡鬧事之後，被強迫穿上「拘束衣」的景象吧。

翻身的動作在清醒時也會做。就算是坐在安樂椅上看電視，大概也沒有人一直維持同樣的姿勢。人爲了消除身體感到的不快，清醒的時候也會翻身。

不停蠕動著，微妙變化姿勢，以消除不舒服的感覺。這種印象成了我發現問題的方法。

只要維持某個固定的思考方法，我就會氣血鬱塞、開始長褥瘡。最初的徵兆就是輕微的不適感。

吃習慣的食物變難吃了，和情人之間的快樂莫名消失了，每天上下班變得疲累不堪……每件事都亮起不舒服的訊號。注意到這些就是發現問題。換個新的拌飯調味料、和情人計畫一趟旅行，或是計畫搬家，讓問題凸顯出來，解答的方法也應該就會有相當多選項。找不出問題的話，就會一直感受輕微不適，離快樂越來越遠。

我在工作的時候，也會用翻身理論作爲出發點。沒有人能永遠滿意一套商品或服務。當某處開始有了輕微的不適，就會期待新商品的出現，或是改良舊商品、變更形象。

說不定讀這本書的讀者也已開始感到不適了吧？若是有這種徵狀，不妨休息一下，找件讀書之外的樂事做做。

有消費才有生產

若是從汽車和車輛普及的關係來說，我認爲最好把ＩＴ當成汽車，它只是單純的用具、工具而已。

市面對ＩＴ做了一大堆沒頭沒腦的宣傳，一會兒是說它是產業重組的工具，一會兒稱它爲給不思考的人的魔法符咒，但仔細看看那些報導會發現，重要的部分都被模糊帶過了。

的確我們可以用開玩笑的口氣說，汽車發達使得信差和轎子消失了。但那並不是事實。

並不是買了一支高功能的手機，就能變得口若懸河、辯才無礙，而大受歡迎。這是不可能的事。

ＩＴ能否成爲助力，也必須視使用的方法而定。想到善用它的方法並不簡單。運用的方法會決定ＩＴ今後的走向。也就是說，使用（消費）十分重要。

過去人們認爲製造是艱難的，使用則不値得在意。但是不能擴展使用的構想或樂趣的商品，就算生產出來，也無法普及到市面，總有一天會消失於無形。這裡要強調的是市場的影響也很重要。

花、玩具或音樂的範例也許很好懂，運用它們並不能生產什麼東西。但是，只要有人運用（消費）它們，它們就不會消失。在這層意義上，我們可以說鬱金香是比雷射唱片播放器更強的商品。

買下別人認爲無用的物品，欣賞它的樂趣，也許才是富有創造力的狀態。

靠幾樣必要用品生存的狀態，會以露營等形式保留下來，成爲戶外娛樂的「遊戲」。但沒有人會天天這麼做。可能讀者中有人舉手說：「我就是這樣的人」，但那只是因爲「興趣」或「美學意識」才這麼做。

未來，人們會越來越重視使用、玩樂方面的巧思或創意、感覺。換句話說，我很期待人們能培養出消費的創造性。

舉例來說，沒有吃過美味的食物，就不懂得那份美味的價値；不消費美食，就看不到美食的價値。而當有多種美味的價値產生之後，製造者就能經營生意了。若是眾人都爲一種漢堡而滿足，其他的餐廳全部都做不成生意。但實際上，大家口耳相傳「那家店很好吃」、「我想吃吃這個」，然後會去行動、消費。若是「所有人都吃同一種食物就好」的話，所有餐飲業人士都要失業了。

我之所以用稍強烈的口氣說「有消費才有生產」，是因爲以往太輕忽「消費」和「享樂」這檔事了。

大致上，賺大錢的人做什麼事，可以表現該國消費的文化水準。我聽說不論是在泡沫時代，或是網路泡沫的時候，那些富豪們還是會把錢消費在「法拉利」、「六本木的小姐」、「億萬豪宅」三件組商品上。就像套餐、套裝旅行般，越買越買得到。如果商人們預料得出大家想買的商品，並且準備齊全的話，消費並不會變得更豐富。

向龐貝學習「消費的創造性」

一次機會中得知龐貝火山爆發的故事，讓我想出「消費的創造性」這個說法。那時有個「龐貝展」的展覽會，因此臨時抱佛腳，做了點研究。

西元前的世界，經濟的生產力肯定比現代低很多，但它卻顯得豐富多彩。

從現代簡約主義的美學意識來看，也許龐貝屬於過剩（too much）的情趣，好像沒有裝飾就活不下去，隨到之處都做了裝飾。所有的桌腳都雕成貓腳狀，盡是雕刻、繪畫、裝飾品。

富人在自家宅邸裡擺放質感極高的豪華壁畫或雕刻，窮人也有窮人的裝飾方法，用油漆在牆上畫壁畫。花錢的意圖，都放在讓生活更富有情趣上，令人嘆為觀止。從這裡可以看到，古代羅馬人比我們更重視「消費」，在消費上花費很多心思和競爭，競相表現特色。

但是，這驚人的豐盛度，好像並不是因爲當時的羅馬不斷有天才出現，根據科學史學者的研究，「人類史上前一百名天才榜」上，沒有一個古羅馬人，倒是古希臘（如亞里斯多德等）有幾位名列前茅。

但是天才輩出的國家希臘，儘管在思想上、經濟上都有著傑出的理念，卻不長於應用。

總之，這就是缺乏「消費創造性」的關係、他們對乏味的事不太在意？——我可以下這種定論吧！畢竟，當時的地中海生活圈都在背地裡說希臘人「那些人只吃難吃的食物」。

相反的，羅馬人徹底的應用、利用希臘人的發明，大力提高生活水準，並且建構出「豐盛過剩」的時代，以至讓我們現代人目瞪口呆的感嘆「你們這些人不裝飾就活不下去啊！」

至於今日，非創造的操作部分，以及某些技術或體力勞動的部分，都因爲電腦或機器等的發明，人類漸漸不太需要自己動手了。古羅馬時代奴隸做的工作，現在都由機器代勞。

於是，我問研究龐貝歷史的專家說：「未來社會的電腦，會等同於古羅馬時代的奴隸嗎？」專家不假思索的說：「不，與當時奴隸相當的，是現在的上班族。」我聽了大吃一驚。

仔細一想，他說的沒錯，那是一個一輩子薪水固定在某種程度，階級也不會再上升的結構組織。的確，他們也許和古羅馬時代的奴隸完全一樣。再追問後，我才知道古羅馬時代的奴隸，與電影裡的描寫有相當大的不同，並沒有無端遭到鞭打，或是強迫勞動的狀況。有道理，若要讓他們有效率的工作，強迫辛苦勞動只會造成反效果。

雖然從前就存在著「上班族是會工作的人肉機器」的想法，但大家已經能拋開那種思想，開始認爲市場才是主體，而消費者正是市場的主角。因此我很希望消費的創造性能成爲下一世代的主軸。

至於日本的消費者能不能有別於古羅馬裝飾過剩，開創出屬於自己的豐饒呢？

別自以為是地生產、別意氣用事地玩樂

我想用一點謬論來玩一玩，把大家認爲理所當然的道理，從基礎反過來思考，有時過程中會跳出意外的副產物。

一般人都認爲「人類是社會性的動物。」也就是說，人和羊、猴、紅鶴一樣，都是成群結隊生活的動物。

但是也有另一種想法：「人類是無法合群的動物。」我和一位前輩談過這想法。

這個假設是說其實人類不是獨自生存的動物，雖然我們並不是能合群的動物，但一個人很難存活下去，迫不得已才結合成「社會」這個群體。

爲了個體能存活在世上，不得不創造出社會體系，但是社會越來越發達，不知不覺間，人類的個體必須去配合社會體系。

該想法認爲，人類原本就是無法合群的動物，這麼一來，生命豈不是會受到威脅嗎？

我對這個想法相當認同。實際上我也覺得人類根本是「孤獨的猴子」。所以我特別想高唱「Only is not lonely.」這句話。不過，這不是重點。社會體系是在重視製造多於使用的思維下發達起來的對吧？

生產是好事，增加是好事——認爲人類與生具備這種生產至上主義的歷史觀，也許是某時代以前的幻覺。

如果把這觀念擱在一邊，人類應該是更熱中於玩樂、消費的生物吧？然而，輕視消費或娛樂、瘋狂投入累積或生產，耗盡了人的能量，因而人類變得「乏味無趣的動物」。這樣的觀點，各位覺得如何？

這與現在一味集中管理、改良、推動生產，卻發生「沒有市場」的經濟現狀，有著恍若相似的感覺。

我認爲沒有市場是沒有認眞研究、評估「欲望」的結果。

了解了遠古龐貝人的生活，得知曾經有過那麼豐饒的時代時，我受到極大的震撼。也許專門研究歷史的人來看，那種豐饒的景像稀鬆平常。但是我感覺，大家認爲衣食不缺的現代，在享樂或豐富度上，卻是最爲寒酸的時代。

我想把玩樂作爲一生志業。並不是上等人所說的那種「有點小樂趣就好」、「人生必須享受」等玩樂的感覺，我想追求的是，任何人都能時時感受「活在世上眞好」的玩樂境界。

寧可工作到死也要玩樂。我打算抱著這個信念，一點一點做下去。

「網路架好，越來越忙」

這個問題也是我自己的苦惱。網路發達，萬事變得更加方便之後，爲「靠網路而節省的時間，以後要怎麼用？」而煩惱，並不是什麼奇怪的事。然而現實卻恰恰相反，變成「網路架好，越來越忙」的狀態。

新幹線建好之後，往返東京和大阪的時間大幅縮短了，所以，上班族省下不少精力，額首稱慶。然而實際上卻是，公司認爲既然距離縮短，不如把會議集中在一起改成當天往返，因而很多人反而更忙碌。網路的出現也造成了類似的狀況。因爲日夜都能上網搜尋，而且永遠都能在自己方便的時間用電子郵件聯絡，同時瞬間就能把資訊傳送到世界各角落。因此利用它的便利性，盡可能發展有利商務的想法，並不稀奇。畢竟我們社會的價值觀是「生產越多越好」，所以有這麼方便的工具出現，當然要無所不用其極的把它用在生產上。

但是就算大量生產出來，若是消費市場沒有配合的能力，工作得再怎麼辛苦，生產的事務、生產的商品其實都是白費工夫。休息的方式也和工作一樣，是個應該認眞研究的課題。尤其是有了網路這種隨時都能無限量工作的工具，若是不切實思考「休息方式」，應該會衍生出大麻煩。

自己做不到的事，我也不好意思建議別人，但是成爲「休息」達人是我的夢想。在外國旅行時，車內廣播播放出一首首老歌；坐進計程車，司機先生聽著我們年輕時代聽過的歌曲。以前我會感覺「這太過時了吧。」但後來發覺是我錯怪他們了，那不是過時，只是沒有必要一直前進。相似的團體陸續出現，在接收者還未能消化新資訊前又消失了。日本音樂界的這種現象一定有問題。不管補多少次妝再上台，乏味的東西就是乏味。

好歌可以一聽十年、二十年，因爲我們重視的價值基準並不是「夠不夠新」，而是它能不能娛樂自己。

我想，現在美國某處的廣播電台一定也還在播著〈加州旅館〉，也一定有駕駛開著車，一面哼著其中吉他獨奏的曲調。

以前有一句標語說：「狹小的日本，那麼急要到哪裡去？」我的憧憬便是生活在與網路不矛盾的那種氛圍中。爲了實現那種生活，我現在才會像隻不眠不休的工蜂一樣……問題還是出在我的腦袋太差吧？雖然我已經在反省了。

腦是人，肚子也是人

如果網路發達……在這類議題中，不時會出現「可以只靠『腦神經』建立世界嗎？」的概念。但很多時候我都很想吐槽：「就算世界再怎麼樣用資訊連結，接送資訊的那些傢伙也會肚子餓吧！」

神戶大地震的時候，網路發揮了很大的功能，眞的非常好。但那只是以大腦爲主的資訊部分。比如說，運送食材需要工業產品——汽車，不可缺少的米和麵包是農業和工業的產物；進而，像是災民想洗澡、想化妝等精神需求，也不是網路能解決的問題。應該沒有一個人能夠只靠資訊活下去。

辦公室裡隨時盯著電腦螢幕工作的人，一到中午會思索「今天要吃什麼？」覺得身體不靈活，就會上健身房。我認爲我們必須更愼重的思索，自己的肚子或肌肉在工作或思考中的功能，並不是從前「對失去事物的鄉愁」等美好往昔式的思考，只是思索一個大家都知道的常理——腦神經系統只是身體的一部分，不管它是多麼睿智的中央管理室，也不能只靠它存活下去。

文化這個詞，原本是來自農業的概念。播種栽培，而且是與天候、土地等隨機要素大有關係的不穩定工作。但就如同生產農作物，在「飛速」的時代，也必須讓費工麻煩而踏實的工作齊頭並進才行。

我的《幾乎日刊糸井新聞》並沒有把電腦當作工作的重心。比起市中心的工作，我們做事的樣貌，比較接近農業。

我們像是集合素人、專家一同創作大量「腦作物」，把它們陳列在網路路旁攤販裡的感覺。ＩＴ產業的先賢前輩，「未來是內容的時代」用嘴說很容易，但腦作物並不是隨時隨處，只要有錢就買得到的產品。事實上，我們資訊農家從事的是相當耗費體力的工作呢！

第 7 章

消費的創造性

顧客不是神

消費者主權這句話，我覺得有點用得太氾濫了。我在前面說過，並不存在純粹消費者這種人。所以我實在無法接受「主權」之類「權利」的論調。

現已過世的三波春夫[25]說過「顧客就是神」。但那是那位大師在他獨特人生經驗中所發表的非常個人的看法，把它當成「原則」來看待不盡合理。顧客不應該是神。誰都可以成爲顧客。用金錢與我們交換商品或服務的人，大家都是顧客。換句話說，難道有錢人就無限接近神的地位嗎？站在賣方的人，難道就成了有錢人的奴僕嗎？

問題在於當並不是神卻握有主權的消費者，說出沒道理的話時，一定要聽從嗎？按以往的說法，答案必定是「要聽」。就算不情願、就算痛苦，因爲「聽從」帶來生意，所以一定要聽。上司是這麼說的。但是我認爲它與生意之間已經不再有連結性了。

一個身爲顧客的人說出沒道理的話，其實，你該說的不是「我要聽從」，而是「我考慮一下」吧。「聽從」和「考慮」有著天壤之別。若認爲雙方的關係是「扁平」（平等）

譯注25．1923－2001，三波春夫為著名的浪曲師、演歌歌手。浪曲是日本的一種民間說唱藝術。表演方式為一個人說唱，並以三味線來伴奏。

的話，就該是「考慮」吧？

例如，把這段關係，想成「已經求婚」的男女關係，不管女方對求婚的男方有什麼想法，先為求婚這個行為道謝，感謝他這麼做。

在這時候，雙方仍然是一種扁平的關係。但如果已經規定好，等會兒女方必須接受對方的求婚，那又會怎麼樣？

依「顧客是神」的想法，不論男方是好是壞，都必須說「好」。其實心裡是在「考慮」求婚的內容吧。假設男方求婚詞是「願不願意和我到鄂霍次克的鄉下去生活？」女方腦中的想像力便開始馳騁：「鄂霍次克的鄉下是什麼樣子呢？」、「採得到很多昆布嗎？」或是「聽起來好像很冷」。於是，女方想出應對方法，或是說出自己的想法，然後走向下一步，也鄭重的思考過拒絕，但是如果「顧客是神」或「消費者主權」是不可動搖的原則，就不容許她說不。

試著思考，然後找到答案，不管是求婚、做生意都是一樣吧！不應該接受無理的要求。

將「思考」納入開發成本

有了網路，「考慮」的速度變得飛快起來。

因為你可以問「如果別人遇到了，他們會怎麼做？」也可以與人討論可以調整條件到什麼地步。於是，她很快的就接到「如果是我，我會放棄」或是「若是我，我還是會去」等回訊。

如果不「考慮」這些問題，把男方的求婚照單全收的話，網友可能會回答：「你的一生就要葬送在鄂霍次克的冰海裡啦！」當然啦如果男方是會說話的海獺，這也不是不可能啦（不可能嗎？好吧）。總之，比起一個人動腦筋，你還能更快的了解更多可能性。

這個傾向還會不斷擴散。現在這個時代，其他顧客會告訴你，無理的「顧客」未必永遠是贏家。因為說得難聽一點，把提出無理要求的「顧客」奉若神明，讓他享受不當的服務，但成本卻是其他顧客在間接支付。遇到這種狀況，其他顧客等於吃了大虧。

你和你的企業，也都把三波春夫的話視為企業理念嗎？

我不清楚這麼做是爲了贏過競爭對手？因爲商業上吃虧就是占便宜？還是單單捨不得思考的時間或勞力成本。但是在未來，人們應該會更重視把「發生問題時，就事思考」列入開發成本加以計算。

事實上，在大量生產、大量消費型商品的情況下，對於「少數」顧客的不合理要求，「默默聽從吩咐解決較爲划算」，所以大家才順水推舟的運用「顧客是神」這句話。但未來的時代，靠著大量生產、大量消費型經營事業，越來越困難。而且，原來少數的、提出「對企業來說不合理」要求的顧客，隨時都有變成多數的可能。某乳業公司和某汽車公司發生重大虧損，難道不就是因爲捨不得「思考成本」嗎？

啊，即使是剛才的求婚例子，「好啊，也不錯啊！」的簡單回答，也有可能成爲人生一大損失哦。不論男女都是。

使用「創造性」的理由

比起生產方面的創造性，消費創造性的重要性可說有過之而無不及。

對於我用英文「creative」來解釋，可能有些人會犯過敏。其實我自己以前也有同樣的感受。

「年輕人！『creat』這個字是創造的意思哦。什麼叫做創造？人類歷史中有創造過什麼東西嗎？沒有。人類所做的只是模仿、應用和編輯罷了。只會做這些。創造這件事，只有神辦得到，你懂嗎？像你這種把頭髮染成咖啡色的淺薄小鬼，嘴上說什麼『我想從事creative』、『我的creative怎樣又怎樣』，聽起來簡直笑死人。我想問的是，你是神嗎？創造過什麼了嗎？」

類似這樣，又臭又長、聽起來像說教的話，我都了然於心。不過還是容我使用「creative」這個詞吧。

就好像法律與判例的關係。creative是從代表「創造」之意的creat所衍生而來的詞，但是事實上，有很多用例都把這個詞用得更牽強，與creat脫勾了。所以，我想讓語言更貼近現實面。

國外體育賽事之後的訪談中，我看到某選手回答「有個創造性的選手作爲團隊中心，所以怎樣怎樣……」，才發現原來不用牽扯到神和人，也可以用創造性這個詞耶。所以我也就拋開顧忌的開始說creative了。

與其翻譯成「創造性」，用日語來說的話，可以稱之爲「獨特的巧思」、「以往所沒有的」、「不斷構思的事」或是「無法按捺下去的心情」等，從這層意義上，我選用了「creative」這個詞。

沒有了接收者就沒有發送者

我不想再解釋爲什麼要用創造性這個詞了。不過有一點要先說在前。

以往解說「創造性」時所想到的場景，幾乎都是在「生產方」。像是顧客對沒有創意巧思的商品不屑一顧，沒有創意的模仿商品氾濫市面等。

但是，只有生產面、發送者在追求創造性，也是不得已的事。

沒有消費，就不能生產下去，當然沒有生產的話，也不能消費。雙方共同合作，市場才能形成。不，甚至可以說，世界才能形成。

資訊的發送者與接收者關係也是一樣的吧！

比如說，即使是世人推崇的大畫家畢卡索，若是他的畫一直留在畫室，從未給任何人看過，他的作品就等於「沒有」。此外，若是畢卡索畫作的鑑賞家（接收者）眾口一致的說：「一點也不出色，根本不值一看。」畢卡索畫作就不會產生價值，更別提「畢卡索展」了。不對，恐怕我們根本不會知道有畢卡索這麼一個畫家存在。只有當繪畫的畢卡索，與鑑賞它的人相輔相成，畫作才會產生價值。

雖然好像有點囉唆，但沒有消費就沒有生產，沒有了接收者就沒有發送者。不過這個邏輯反過來也說得通。「殺畢卡索不需用刀。只要世界遮住眼睛就行了。」爲了殺死畢卡索，就算沒收他的畫具，藏起畫布，畢卡索也一定能想出什麼方法畫畫。但是，他卻沒有辦法一直畫著不見天日的畫吧。（「不會啊，老子就做得到！」——大概有人會這麼吐槽吧。不過，對不起，這位「老子大人」算是例外。）

然後，發送者，即生產方的創造性不斷在競爭、磨練，以便獲得接收者，即消費方的視線或興趣。然而接收者這樣就滿足了嗎？如果沒有所謂「消費的創造性」，幾乎所有的藝術或商品都會停滯不前。

以往幾乎所有創造性的力量，都繞著發送方打轉，好像覺得「難得有創意，應該投注在生產上」。只要主管說「哦，好點子，能不能應用在下一次的商品開發上呢？」好像那個創造性「有用處」而受到讚許。反之，「沒用處」的創造性，就會有受到輕忽的傾向。那些點子大概都是在「玩樂」或「休閒」方面的吧。

玩樂的達人，或是擅長安排休閒的人，在生產面會被視爲沒有貢獻，甚至被當作遊手好閒的怪胎。但如果這裡思考到「消費的創造性」，就能產生全然不同的看法吧！

畢竟，現在的日本，生產商品已經游刃有餘。最大的問題在於製造不出有魅力的商品，或即使製造出來，也沒有人要消費。

因此，就算是全民總動員「一起來當推銷員」，銷不掉的商品就是銷不掉。必須以創造性的觀點，重新掌握消費狀態。

消費能有多大創造性

在消費方面，我們能有多大的創造性呢？這問題看起來簡單做起來難。從某種意義上來說，必須傾注比製造方、發送方合起來更多的心力，認眞的思考「休閒」和「玩樂」才行。因爲幾乎所有「健全的市民」都沒有做過這種練習，困難重重。

一擲千金的富豪其實很有消費的條件。只要錢多，就能實行消費。但是，如何消費，要消費什麼？總之，一般人對渴望什麼玩樂或什麼樂趣的印象都很薄弱，所以對富人的消費一點也不稀罕。

不久前，在最後泡沫的時期，我對一些以上市爲目標的年輕人，或是上市成功，賺進大筆財富的人們在追求的東西感到很好奇。雖然這也是一種象徵，但據說都脫不了「高級跑車」、「上億豪宅」和「酒店小姐愛人」這三種神器。雖然也不是所有人都追求這些，但是賺了大錢之後，卻只會追求「富豪套餐」，聽了令人有些傷感。

對於花錢的印象，只看得到借來的或是固定的模式，正是沒有培養「消費創造性」的證明。

多次機緣讓我體會到重點不在手上錢財的多寡，而是豐饒性。其中一次是一部電影〈早安，巴比倫〉（Good Morning Babylonia），那是一九八七年的電影，從觀影時受到震撼之後，我足足用了十五年，才說出「消費的創造性」這個名詞。

故事並不複雜，主角是一對移民的義大利兄弟。背景是草創時期的好萊塢。西海岸土地廉價的鄉間蓋起了電影公司，開闢「好萊塢」作爲電影產業製作軟體的場地。這從未有過的新產業，創造了新的職業人。許多男女明星匯聚此地，也需要大量幕後的工作人員，像是道具師、照明師等，他們都是拍攝電影不可欠缺的勞工。這時，在義大利當過泥水匠的兩兄弟，戴上鴨舌帽，提著一箱行李，便遠渡重洋來到美國。電影就從這裡開始。

弟弟被某位女明星拒絕而失戀。哥哥發現弟弟失蹤，到處搜尋。隔了一段時間，突然傳來「鏘——」的巨大金屬聲。那是鈸的聲音。他往聲音的方向走去，找到了弟弟，弟弟正拿著鈸呆立著。原來，爲了撫平失戀的傷痛，弟弟在腦中流淌著自己喜歡的歌劇。他模擬演奏者，在鈸出現的部分擊出了聲音。這一情景令我流下淚來。而這正是義大利出外人「娛樂素養」的水準所在。

遇見豐饒

有些知識份子鄙視義大利歌劇太過通俗，但它就和日本的歌舞伎差不多類同。移民到美國的泥水匠，能在腦海中演奏全本歌劇，而在鈸出現處打出「鏘——」的聲音，進行空想的合奏。

不說其他，渡海到新天地找工作的泥水匠，竟會在寶貝的行李中帶著鈸，光是這一幕就令人嘆服。太富足了吧！

我不知道現實中是否眞有在腦中演奏歌劇的泥水匠，但是這種人令人欣羨。而當我回首時，我在自己內心裡找不到這種富足。

去英國參加「大富翁」遊戲的世界大賽時，我也想到類似的事。比賽時，有個代表法國的選手，看起來像個段數不高的玩家。可是派對開始後，他若無其事的坐在會場裡的鋼琴前，彈起輕爵士名曲。原來那才是他的拿手好戲。

比起擅玩「讓其他玩家都破產」的大富翁遊戲，就算遊戲沒贏，卻能彈得一手好琴的人，我認爲更爲富足。總之，我現在可以說，這位法國人是創造性十足的消費者。

說來慚愧，我受到這件事的刺激，開始學起了三味線。但只是裝模作樣學的技倆，還是不行啊！

其實我很想學會彈相聲的出場樂。但最後只成了天天聽相聲CD的人。三味線就這麼擱在櫃子角落的盒子裡，變成了化石。唉，爲我那把三味線獻出皮膚的狗兒啊（只有高手用的高級品才用貓皮，幾乎所有的三味線都用狗皮來繃），眞對不起你。

讓消費創造性不容易成長的東西

吃烤豬肉正吃得津津有味的時候，一個客人開始說起「日本的烤肉大多都是『燉豬肉』而不是烤豬肉。」他說的也許沒錯。那種叫叉燒的豬肉，幾乎都是把用線一圈圈捆好的豬肉，放在醬汁裡燉煮而成的。雖然明知沒錯，但又隱約覺得這句話「哪裡不太對勁」。

說這燉肉話題的，是個高尚的人，自然不會胡扯亂說一頓。只是我好像從這「燉豬肉的談論方法」中，感覺到更應該思考的功課。飯後也一直在想，到底是什麼。

這個舉動我自己也常做。那就是「爲了肯定或讚賞某一件東西，會羅列出其他的事物作爲例子，否定它們」，這會不會就是我所說，讓「消費創造性」不易成長的因素呢。可能我當時擔心的就是這一點吧！

講述美味的烤豬肉，單就烤豬肉本身的美味來討論最爲理想，但是很難做到。這時候，只要添加「不能算是烤豬肉，但別人稱之爲烤豬肉的東西」等資訊，就能令眼前的烤豬肉價值提升。但是，就算眼前烤豬肉的社會價值升高了，我們卻沒有理解烤豬肉本身的創造性。

這種例子到處都看得到。像是藉著訴說別人家孩子某個失敗的案例，來稱讚自家孩子的方法。「剛才走過去的西施犬，長得眞醜啊。」用這句話來反映自己家裡養的狗有多可愛；或是吃著生魚片說：「前些天才吃的那頓生魚片，爛爛的不好吃。」

我們不會因爲並列陳述的其他事物不中用，就能體會到「某物」訴求的美好。具有那種相對的評估核心，不論說什麼都行，非常方便。我們很難放著那種便利性不用。不過，將簡單的方便性暫時當作「沒有」，不正是未來「消費創造性」的練習嗎？

我們藉著搜尋敵人的弱點，讓自己安心，發現可以贏過比較的某物，就自鳴得意。暫時停止這種習慣，才能眞的讓「消費的創造性」成熟。甚至還能開創出創造性的生產，這不正是產生消費豐饒性的大好提示嗎？

那麼，若想重新從「日本的烤豬肉其實大部分都是燉豬肉」的說詞，開始一段有創意性的對話的話，在場的其他客人該怎麼說才好呢？

發表像「烤肉時的火力，製造出外側肉質的口感」、或有關「鎖在豬肉內側的鮮味」的看法，「適度剔除的油脂，讓肉質變得更清爽」等，必須思考出自己的看法或想法才行。而這並不容易。

但是，如果說不出這些想法，也還有一招殺手鐧，那就是由衷的說「眞好吃」。這樣還是可以在不貶損燉豬肉之下，讚美烤豬肉。不僅如此，還可以反向的建議「你說的是沒錯，不過好吃的燉豬肉還是好吃。」

寄到《幾乎每日》的大多數讀者來信中極少有「那個雖然很爛，但跟這個相比的話……」的讚賞方式，我覺得很棒。

網路留言板經常會出現的弊病，就是因爲很多用差勁的例子爲軸心，來讚揚主題，結果不小心走進死巷。看到某位棒球選手擊出全壘打時，我們通常不會提及其他沒打出全壘打的選手吧？只要從心底感受全壘打的暢快，消費的創造性就在運作了。

各位不妨也來練習一下，如何不和其他事物比較，來讚賞好東西吧！

雖然相當不簡單，但它會成爲灌溉自我的肥料。

結語

網路式時代的未來

不會思考過「幸福是什麼」

一九八六年有一首廣告歌的歌詞道：「幸福是什麼？」那是演員兼主持人明石家秋刀魚唱的，在廣告中所謂的幸福，我猜應該是「有椪醋醬油的家」我很眞誠的想過，「也許事實眞是那樣。」

說到椪醋，就會連想到火鍋。火鍋通常不會一個人吃；但相反的，一個人吃火鍋，可使得那個人重視「食」的形象變得鮮明，感覺很酷。因爲如果不是個充實的人，恐怕會羞於獨自吃火鍋吧。有著正確的價値觀，才能堅持吃自己想吃的食物，不是嗎？

當然，兩個人以上吃火鍋更好啦。這首歌當中蘊涵了明石家秋刀魚「活在世上就白白賺到」的思想風格。

我想，我第一次認眞思考幸福這個詞，也許就是拜在這部廣告之賜。以前，我常覺得幸福這類感想，是一種結果，追求這種看不清也摸不著的東西，或是認眞思考它，反而會讓幸福溜走。

從那之後，又已經過了十五年吧。可能會有人笑我，因為我時不時就會思考，明石家秋刀魚提出的「幸福是什麼？」問題。假設有柚醋醬油的家，並不是「幸福是什麼」的答案，那麼我認為的幸福是什麼呢？它似乎仍然是件相當重要的事。

幾年前，我和一位從學生時代就認識的漫畫家三浦純聊天。「欸，三浦，你有思考過什麼是幸福嗎？」我問得可能有點唐突，他對這問題楞了一會兒，說：「糸井兄，你怎會這麼問？你以前不是說過，不需要思考這種事嗎？這麼多年來，我一直很嚮往你的灑脫啊。」哦，那還真是不好意思了。

的確，我很怕遇到動不動就談論幸福的人，所以我才會主張，不用思考那種事，人還不是活得好好的。

作者的幸福觀

有人問，少了幸福觀，就創作不出作品來嗎？就算沒有，還是可以盡情創作啊！但假設不了解什麼叫做幸福的人，寫了一部連續劇，卻不懂「happy end」的「happy」是什麼，這部連續劇就無法展現出「happy」。劇本的台詞有一句「太好了」，但作者如果沒有解釋什麼東西「太好了」，觀眾既不會產生共鳴，甚至還可能招來反感。

不只是連續劇，製造商品，販賣、經營公司，都是揭示領導人的「世界」，並且向許多人求教。所有公司都一定有「公司要做什麼什麼事，貢獻地方社會」的經營方針，就是爲了表明自己一直向內部成員和社會提案，該企業所期望的「世界」是什麼樣子。如果沒有這個方針，商業就會淪爲只圖「利益」的戰爭，作品則成爲只要「中選」就行了。

人們想在作者、團隊、企業所揭示的「世界」裡，成爲居民，所以有了共鳴。在這層意義上，所有的表現和行動都有「世界觀」的基礎。

幸福到底是什麼？這問題不需要清晰的答案，含糊知道也可以。但是如果無法展示自己的想法，就可能被接收者牽著鼻子走，而落入前述「顧客就是神」的思想。

同樣的，企業也應該有「世界觀」，或是「歷史觀」、「人性觀」等的觀點。

有些經營者認爲，人是一種不足取信的討厭動物，經營企業時就會把這概念作爲前提；認爲人基本上是寂寞生物的作家，自然也會在作品中滲透出這種思想。而擁有「說得再多還是錢最重要！」世界觀的企業，則會採用多散財就能讓人開心的工作方式。

不管他人或其他企業會不會反對這個看法，自己或自己公司如何看待世界、看待人、歷史、幸福、男、女、工作、休閒、玩樂、夢想……都會決定那個人或組織創造的世界。（即使所有理念並沒有化爲文字），我猜想，沒有了它，人就沒法活動。

我好像說了很臭屁的話，不勝惶恐。不過這些道理在我小時候，老師就用更難的話說過了。恐怕也會有人笑我「這種用膝蓋想都知道的道理，你現在才搞懂啊？」不過，就是這樣也沒辦法啦！

「消費的創造性」為什麼重要？

前一章提到的「消費的創造性」爲什麼那麼重要呢？它的重要性對人來說有必要嗎？它會帶來幸福嗎？一般人可能會有這種連結。就像我在說多思考玩樂或休閒這兩個要素時，對於認爲「認眞工作過日子就是幸福」的人，玩樂是什麼、休息如何重要，聽起來都是無法接受的概念吧。於是雙方開始暢談理念（討論），彼此退讓主張的結果，就會浮現出「規則」。

一旦網路式社會形成，每個人和組織就不得不公開彼此的想法了。到那個時候，就算無法用文字清楚闡釋，各人也都必須釐清「自己想做的事」、「自己想有的生活態度」。現在人們對政治人物要求的事，也同樣會反過要求說那些話的人。

就以先前說的連續劇爲例吧！當我們在看電視劇，發現哪裡不太對的時候，通常是因爲作家的人生觀或世界觀與我們不吻合的關係。但是，雖然覺得不對勁，然而作家若是認眞請教時，你可能會想「雖然跟我的想法不同，但也許眞有那種幸福」，而勉強接受。

相反的，編劇完全不提自己的人生觀或世界觀，寫一部「反正大家看到這個結果都會高興吧？反正大家都會覺得好看吧？」等，配合想像中「多數」觀眾的表現，我想收視者都不會被打動。又例如，抱著「自己成功才會幸福」幸福觀的作家揭示的電視劇，很難獲得廣大觀眾的共鳴吧？但是若因爲這樣，便提出「祈求大家都幸福」這種並非眞心的應急式幸福觀，恐怕具創造性的收視者也難以忍受。

我相信，讓人衷心讚嘆的作品，肯定蘊含了作者的幸福觀。

網路上有很多網站（主頁），但企業的網站總是不有趣的原因，也許是因爲網頁上並沒有表現出「企業」所應具有「世界觀」或「人性觀」、「幸福觀」，甚至「商品觀」。

聽到我這麼說，也許有人以爲我要講些硬梆梆的大道理。不過，「某種觀」可以說是任何人在無意識間會抱持的想法。在人與人往來之間，覺得某人是個好人，跟某人臭味相投等，都應該是想法一致的關係。

命令小孩子去偷別人的錢包，孩子一般都會拒絕吧？而在他的拒絕中，我想已包含了他小小的「世界觀」或「人性觀」了。

我以前堅持認爲「不用思考幸福也能活得好好的」，其實它也是某種「幸福觀」。只不過，這個觀點既沒有說服力，也難以架構出獨自的世界觀。既不能在「我想這麼做，希望你也這麼做」時求別人幫忙協助，也不知道自己的期望能不能實現，最後只能無可奈何的走向放棄一途。

自告奮勇的想法

縱使不是選舉，有什麼計畫的時候，都必須呼朋引伴一番，請他們「來幫個忙吧」「一起做吧」。除非，你一輩子都在解說別人的作爲，永遠做個業餘的批評家，否則看到自己想做的事時，就有必須「自告奮勇」跳出來。這並不限於競選政治人物的狀況。高中男生請求心儀的女生與他交往，也算是一種自告奮勇。只會看著對方，心裡暗暗覺得「眞可愛啊」，永遠不會開始。只能等著對方來向自己開口。

自己不主動跳出來的話，既不容易丟臉，也較少受到打擊。可是這樣會形成被動的人生態度，永遠「任人擺布」。而且，即使運氣好，開始與對方交往，或許也會產生「反正又不是我約她」的不負責任態度。當然，被動的人吃得苦少，也算得上是聰明的生存方式，但是感覺很沒品。哦，糟了，這也許是我的人性觀。

總之，不主動站出來的人拿不到選票。「爲什麼我不是村長！」——只有參加村長選舉的人，有資格說這句話。不管再怎麼嫉妒，再怎麼批評，沒有參選的人連個邊都沾不上。絕對不會有人對你說「雖然你沒有參加選舉，但請來當總理大臣」這句話。像灰姑娘那樣獲得王子求婚的故事，幾乎不可能發生。

但是，一旦參選，麻煩事也會增加。當你從被人遊說的立場，轉變成遊說別人的立場時，就必須展現自我，讓別人了解他一定要了解的狀況，或是跟自己一起努力有多少好處等。總之有必要表達自己的理念。

我們當個吐槽的觀眾，指著電視說「這一段說錯了吧？」十分容易。但如果自己站在製作電視節目的立場，恐怕會覺得苦不堪言吧？

沒錯，電視播放的所有節目、牆上貼的一張張海報，都是自告奮勇的參選者，一個個一張張的在號召著觀眾。如果一直當個接收者，就會一直被候選人煽動、在乎「您的神聖一票」。當然候選人只是爲了「想要票」才煽惑你的。想要票、想要錢，想要收視率，因爲各種理由，你才會被以「顧客就是神」來對待。

但是，一旦出馬參選，就沒有這種待遇了。即使是電視節目的製作人，也要常常操心有沒有讓觀眾出乎意料的點子或訊息？有沒有把握自己的節目受到支持？一旦站上那個立場，本來會說「那個節目眞差勁」的人也會一百八十度改變。

當過團體運動賽主將，或是學校活動領袖，抑或是有遊說集團經驗的人應該會懂。做簡報的一方非常辛苦。因爲出馬參選時，必須掌握到某些要素，不論是得票的結構還是點子。那種時候，肯定會掠過後悔的念頭，早知道不出來參選就好了。

但是，未來的時代，不管規模大小，如果不在各種情況跳出來的話，恐怕很難生存下去吧。你想走哪一條路？想要哪個討厭哪個？覺得哪個美或是哪個醜？如果不具備這些來作爲自己生存「軸心」，就很難與他人連結在一起，或是得到他人的協助了。

從前，人們揶揄日本的當政者，「日本的想法隨時跟著美國的思考而改變」。但是在這個共同體下成長的同胞們，是否有過「想說的話」或「想做的事」呢？我總覺得國家與個人儼然一模一樣。

妥協的偉大

很多人討厭妥協這個詞。但是妥協的意思是指，A的想法與B的想法，雙方都無法全面通過的狀態下歸結的結果。對A的想法如果採取模稜兩可的態度，最終落到A的結果，就不叫妥協。

在到達妥協地步之前，雙方顯然會有各自的希望和欲求。如果上班族腦中想的是「盡可能烘抬價格」，以拖延時間的方式與人交易，那麼不論價格落在什麼點，他都會認爲「有點吃虧的感覺」吧。因而在下一次談判中，又採取拖泥帶水的拖延態度，讓對方失去對他的信任。

既然是這樣，儘管有一百與一的差距，還是明確的公開目標數字，較能給人信任感。結果也許落在五十左右，也許是三十，但是彼此說出各自的理由，這樣在下次談判時，就能得到較公平的結果吧。妥協到達這種程度，算是相當成功的，至少在妥協完成之前，都能有自己完整的想法。

當我們在說網路終端連接了全世界時，表示任何人都可以提出「最好的看法」，來說服其他成員。沒沒無名的跳出來，沒沒無名的得到世人支持，得到共鳴、受到歡迎，這在網路式社會中是可能發生的。當一個個被當成票數或銷售人次來計算的人們，自告奮勇跳出來時，也將會從單純的數字中抽離出來。這種狀況雖然令人傻眼，但也許也不壞。

我一直認爲，自告奮勇這件事，會讓我們變得更自由。

結束。

「啊啊啊，真有趣——」

我就寫到這裡。與以往我所寫的文章相比，它似乎帶著更多啓蒙的味道。我覺得這並不是件好事。

我只是剛好在最接近網路的現場，所以把自己領悟到的想法寫下來。如果寫了什麼傳授、教誨意味的東西，我在此向各位致歉。

它既不是可以論證的研究，也並非充滿美好發現的書。比較像是魚販天天看魚，便說「我一眼就能看出臭掉的魚」的感覺。但是，如果有比平時更多個人色彩的想法，我想是因爲我自己也「跳出來」的關係。

未來該怎麼做、做些什麼，我並不清楚。我只是想和志同道合的朋友連結起來，一起做做各種嘗試。

如果讀者看了覺得，怎麼可能跟寫這種莫名其妙的書的人合作，或許代表我的想法反而是失敗的。不過，既然機會難得，就順勢出版試試看好了。

藉著接觸網路，學到網路的種種新知，讓我有機會重拾年輕時放棄的夢想。

這個錯綜複雜，看上去一成不變的世界，如果你在各處戳它一戳，意外會發現它其實相當脆弱。懷想當年柏林圍牆的倒塌，也是在轉眼之間的事。但我看得見世界各地都在發生相同的變化。

千萬別誤會，我完全沒有煽動的意思。而是極自然的，提醒大家稍微想一想，自己眞正想做的事是什麼。光是這個動作，各地就能打開許多有趣的通風口，讓呼吸變得更輕鬆一點。社會大結構出現問題，必須改變政治、經濟才是世界的根本，應該從哪裡改變等等這些大事，就如「像我這種老頭，實在看不懂」（川藤幸三評論棒球時說的話）所說，交給其他更專業的人去做。我在我的場域，讀這本書的你在你的場域，大家開心就好。

我心中最理想的臨終遺言是「啊啊啊，眞有趣啊——」雖然還是很遠之後的事，但我決定到時候一定要說著這句話離開。

最後，我想向參與這本書的各位人士、讀這本書的讀者，和在這本書工作期間打擾到的朋友，說一聲感謝和抱歉。以此收尾。

當時為什麼沒有讀《網路式》

出版問市十年後，我再次聽到《網路式》這本書受到讚賞。據說大家的評語是：「怎麼這本書上全都寫了呀！」拜此之賜，趁這波風潮，這本書重新以文庫書再版。

與其問爲什麼又受到讚賞，不如說「爲什麼它一直被埋沒著，沒有被發現」更能表現出這本書的本質。說得更直白點，這十年來，人們不太會拿起這本書來看。這不是諷刺或什麼，我想原因正出在這本書的「特質」。

最大的理由很明顯，這本書沒有告訴你「網路可以賺大錢哦」。

十年前，許多人想讀的是網路是魔術道具、它會帶來不得了的商機、可能會戲劇性的改變人或世界的樣貌等令人著迷的內容。人們最歡迎的是ＩＴ富豪的成功故事、簡單明瞭的整理出靠網路賺錢的幾個重點的書。

當然，當時我也覺得「網路太酷了！」事實上，在這本《網路式》的書中也有寫到。歸根究底，若不是爲網路而感動，我根本不會出這本書。

但是，我不想爲了吸引讀者的目光，寫一本驚人聳動的書。那種書我讀了不少，老實說，預言世界變化的文章多少令人興奮，但是再怎麼說，也只是一種奇幻的趣味，好聽的故事，並不能與現實接軌的捕捉到網路的眞貌。

續

網路式

網路將帶給人們幸福未來的預感，的確讓我們興奮。但是，把它當成發生在現實中的社會波瀾，興風作浪一番，最終只會成爲一時性的熱潮。因此，我寫《網路式》的時候，特別小心不濺起太多水花。因爲即使不那麼做，人們談到未來時，還是會稍微陶醉其中。

《幾乎日刊糸井新聞》也一樣

因爲寫得這麼低調，所以雖然很遺憾，但我已微微預料到書不會爆炸性的熱賣。我並不是絕望，因爲我很清楚成功不會立刻送上門。而那種感覺，與當時我對自己十分認眞經營的另一件事物，有相當近似的感受。

它就是《幾乎日刊糸井新聞》。

傾全力建立的網路媒體《幾乎日刊糸井新聞》，是我心血的結晶，對它的有趣之處十分有自信。然而，我也知道它並不是立刻能賺進大筆鈔票的東西，所以，它和我對潛心寫完的《網路式》應該不會大賣的預感，就像雙胞胎兄弟一樣的相似。

十年的歲月過去後，《網路式》再次被提起，獲得好評。製作《幾乎日刊糸井新聞》的我們公司，已經能存活下去。我想兩者開始受到一般人好評的時期，應該相當接近吧。

我並不覺得「何必當初！」。

包含我在內，人們對喜愛或有趣的事物，並不會立刻衝上前去。隨著流行而抓住的東西，也會很快厭倦放手。

然而，如果是篤定確知「啊，還是這個好」而選擇的事物，我相信它會是自己的喜好，而且也希望能將它傳播給大家。

人不會因網路而改變

作為網路發展的前提，我們要思考的是，人並不會那麼簡單就改變。

我在《網路式》一書中，主要寫的並不是網路本身的驚人之處，而是我們該如何使用網路。網路讓我們的生活變得方便，但網路會不會根本改變我們自己呢？不會。這是思想家吉本隆明教授告訴我的。

吉本隆明說過：「人體的形態不會改變，這一點非常重要。」

每當發明了革新性的產品，或是令人驚訝的事物出現時，大家就會說，會有大改變、情勢將會翻轉等話。但是，眼睛不會長到腦後，鼻子也不會多一個。不論是古騰堡時代，還是黃金假期尖鋒時期，人的基本大致都不會有任何變化。吉本隆明十分嚴正的說了這句話，它直到現在也宛如巴洛克音樂的連續低音般，迴蕩在我心底。

就以《源氏物語》中所描寫，對他人懷抱的各種感情。它和現代人心裡的煩惱或激情完全一樣。傳達情愫的方式也許從寫信改變成電郵或LINE，但是難以自持、打動人心的感情，卻與《源氏物語》裡寫的並無不同。

所以，即使網路出現，人也不會有任何變化。我認爲這是理所當然的道理。

網路並不是魔法或奇跡，只是「極便利的工具」，人不會因爲它而出現驚天巨變。

但是，這項極便利的工具，一定會進入人們的生活中。而且人們很可能會這樣繼續與網路打交道吧……。

十年前，我在《網路式》中寫的，簡言之就是這個概念。

所以，就算別人說「十年前的書裡已經寫過」，老實說，我只覺得「那還用說嗎」，因爲我只是如實寫出來而已。

用另一種說法，當時的我是當時寫這類書的人當中，極少數不對未來陶醉的人。《網路式》現在再次受到好評，也許只是因爲這麼簡單的原因。

網路現在依然有趣

和十年前一樣，我現在依然覺得「網路很有趣」。但是眞要說起來，現在的論調跟以前完全相反。乘載網路的新架構雖然盛行一時，但幾乎沒有人會說，網路本身有趣。

根本最近都聽不到「網路」這個詞了。大家掛在嘴邊的全都是「SNS」、「臉書」、

「推特」等名詞。但那只是陸續更換許多名詞來使用而已。在我來說，它們全部都是「網路」。

不管哪個行業都一樣，有時改變稱呼，遮掩停滯不前的現狀。把T恤叫做「針織衫」（cutsew），把下裳叫成褲子（Pants），但所要表達的全部都是「衣服」。

我認爲不要被眼前的事物擺弄，隨時意識並保持自己心中的主軸比較好。

智慧型手機之所以方便有趣，也是因爲連接網路的關係。不管是應用軟體、相機還是遊戲，因爲有了網路才有趣。

我並不是賭氣叫大家不要追隨流行。只是覺得先摸清楚來龍去脈是十分重要的事。

當時太喜歡周圍的人

聽到有人說現在讀《網路式》也不會過時，雖然相當開心，但如果問我重新再讀一次，難道都沒有覺得不太順的地方嗎？有的。所以我想再最後補充一些看法。

大略的說，當時的我太喜歡因接觸網路而認識的朋友和顧客。招呼我一起合作的朋友、閱讀我們網頁內容的朋友、購買我們辛苦製作的商品的朋友，我很喜歡他們都住在我這個特別的村莊裡的感覺。

所以，我的基本態度就是，不給這些人增加任何負擔，並且無限的取悅他們。

最初的幾個人明白我的想法，我想這種態度可以一直堅持下去。但時間久了，參與的人數日漸增多，然而有相當長一段時間，我還停留在「自己的小小村落」的感覺。

表面上覺得這樣也無妨，但我想我有點輕忽實際發生的狀況。這是因爲無條件相信所有參與人員的話，會給眞正善良的人帶來麻煩。

說得更具體一點，假設有人買東西不付錢，不是只有一次，已經是好幾次的慣犯了。有這種人的話，現在我會採取法律途徑。但是，當時的我常常覺得沒那麼嚴重。

並不是把思考簡單的從「性善說」切換爲「性惡說」就行了。而是是否眞正理解世上的人本來就有千百種。只是一味死板的認爲「跟他說明，他就會懂」，在某種意義上等於沒在思考。現在的我覺得，在那種事情上，我沒有負起責任。

因爲在想法上、常識上、價值觀上的確有形形色色的人，我們必須要做好準備。而且，若有人抱著某種惡意混進來，就要毅然行動。若不那麼做，面對規矩行事的人也會變得拖拖拉拉。網路是個讓許多人在極短時間相遇的場所，因此更必須事先做好防備。

在群眾聚集的地方，有人蓄意做壞事，也有人對無理攻擊產生快感。更有聰明人有效率的建立無良計畫。對於這些行爲，只因爲制約、自衛、制裁都不是愉快的事，便刻意裝作沒看到；另一方面則大力擁抱網路，這種心態還是有點天眞。

話雖如此，我並不後悔曾有一段精神上無污點的時代。因爲有些事物，必須以那種態度才看得見，而也正因爲當時的經驗，現在下判斷不再會迷惑。

所以，這本書改版之時，我並沒有大幅刪減或修改章節。若有人問「你現在也還這麼做嗎？」的確有不少地方，我會冷靜的回答「現在不一樣了。」就如同長大成人，那並不是特別可悲的事。

舉例來說，製作《幾乎每日》的組員人數，與十年前相比已增加了一倍以上。但是，我們懷抱的熱情並未因此而淡薄。從前人數少的時候比較同心嗎？倒也不見得。同不同心這種事，其實也要看人。同一時期，有時也會因為一點小事的影響，而產生種種變化。所以不需要把問題歸咎於組織大或小。

「細分化」的時代

十年前還沒有的智慧型手機和推特，現在卻占有非常重要的地位。兩者都已經深入民眾的生活，是大家日常中不可缺少的一部分。

某種媒體或服務偶爾形成熱門寵兒，引領時代的現象並不少見。有一段時間是電視，有段時間是遊戲機。未來，可以隨身攜帶的近似電腦產品，甚至有可能凌駕一切。

只是，大家最好把注意焦點放在智慧型手機和推特所象徵的「網路式」傾向。

那就是內容漸漸變得「細分化」了。

這個現象的背景，主要還是配合接收方的方便吧？在忙碌生活中的空擋享受有趣的簡短內容。不需要事前準備，也不用特別的導讀解說，當場就能享受資訊。短而充實的內容，確實非常方便。

想來，甜點的世界早就朝「細分化」進展了。大袋子裡裝著一個個包裝好的軟糖，巧克力小盒中，又細分成一口大小的巧克力。連歷史悠久的煎餅，都理所當然的一袋只裝一片。拜此之賜，即使隨便拆來吃，沒吃完的部分也不會潮掉，十分方便。

電視的世界也有「細分」的傾向。比如搞笑節目，藝人一個個出場，說著越來越短的梗，已經成爲主流。像吉本新喜劇那樣，以長劇逗笑觀眾的形式已十分罕見。原本是爲了迎合接收者的喜好，但對預算和時間有限，卻隨時被索求新作品的寫作者來說，應該也很歡迎「細分化」。

我並不是批評哪個比較好或壞，而是內容的體裁改變了。《幾乎日刊糸井新聞》也是一樣，細讀型的對談單元，與每天介紹一封讀者趣味來信的小單元，竟有著同樣高的點擊數。

網站變成容易更新或閱覽的部落格，而更短更細分的推特漸漸受到喜愛。上傳照片的服務吸引了更多使用者，可以編輯幾秒視頻的應用軟體炙手可熱。

像這樣「短」、「快」、「輕鬆」的「細分」傾向，今後還會繼續前進。雖然不假思索，只因爲流行便追逐潮流，並不是件好事。但故意賭氣不跟也很危險。組織或內容不變化，只會慢慢死去。至少我們雖然不了解未來動向，但仍然一定把方向盤切到變化的一方去。

東日本大地震有感

另一件與我工作相關，因而必須補上一筆的，就是東日本大地震。

十年前我寫過，一個人有時候是消費者，有時候是賣方、是父親、是死忠粉絲，立場不斷切換。也就是說，我們的公私可以說一直在切換。

我們的組織比起一般公司，自己的「公領域」與「私領域」界線不易區別，而在東日本大地震時，界線終於消失了說得誇張一點，因爲那次震災，一個問題浮上台面：你到底想過什麼樣的生活？不只是我們，所有組織、所有民眾都一樣。

發生重大事件時，就不能再區分「這裡是工作的場所，上班時間以外的事都與此無關。」尤其是大地震之後，隨時要面對這種狀況。

例如震災那一天，半數員工都無法回家，睡在公司裡。那天晚上，有一名員工來問我：「我妹妹在比較遠的地方工作，她也沒辦法回家，可以在這裡睡一晚嗎？」

當然，請便。我這麼回答。第一點，我覺得我開了一家員工會問我「帶妹妹來可以嗎？」的公司眞好。不過，不只我們家，那一天，也許大家都有這種同舟共濟的心情。但是如果有人說「兄弟姊妹可以進來，那朋友行不行？」、「萬一有什麼事，責任誰負？」之類小心眼的話，也不是不可能。

後來，我們在氣仙沼成立「氣仙沼的幾乎每日」分公司，協助各項事務，也在東北擬定了建立樹屋的計畫。這個判斷，我不確定在公務上是否合適，畢竟它並不是以營利爲第一要務。

但是，當我說「我要做」的時候，大家並非只是跟從，而是都有著同樣的心情。我想這與自身感受到「東京也在搖晃」不無關係。

在那場地震時，大家都眞實感受到，公司上下處變不驚的氣氛，還是公司本應有比賺錢更重要的事。我覺得，這一點很棒。

再讀一次這本書，十年前我也寫過「個人心情的重要性」、「企業的姿態會大幅改變」，我這麼寫是因爲我認爲這是時勢所趨。但是無心插柳寫下的文字，未料卻藉著自己的行動來證明，有點不可思議的感覺。

集合弱小的力量獲得巨大的願景

在從前，如果某人有個強大的想法或計畫，大家的論點都會集中在可以召集到幾個人，可以集資多少錢上。但現在已經不再是那種強迫式的結構。

現在大家在乎的是，想要傳遞什麼的時候，可以在每個人的心裡占有多大面積。

不是召集一萬名贊同者，就有一萬票，而是在一億人心裡取得一公分見面的小小空間。我們追求的不就是這種加法嗎？

集合小小的心思、微弱的力量，可以獲得巨大的願景，這樣不才擁有眞正的力量嗎？仔細一想，這一點也非常的「網路式」。

我依然不期待一大群人瞬間連結，一口氣翻轉局面。而是匍匐著，一面受著傷、得到讚揚，不知不覺間一步一步的朝著自己想像的景象接近。

若是能這樣前進的話，未來的我們也會覺得未來的網路很有趣吧！

請閱讀《幾乎日刊糸井新聞》

用這本書的形式，將我的想法傳達出來，偶一爲之是很好，不過我過日子的目的並不是在「傳達」。

我把傳達自己要做什麼、正在做什麼、想做什麼、在什麼處境……都擱在一旁，每天感覺、思考、想像、行動。

這個過程本身，就是「我想傳達的事」，所以，關於《網路式》這本書後續的發展，希望各位一定要看看我們每天更新的《幾乎日刊糸井新聞》。這裡應該就是不斷少量的充實自己可行範圍的「幾乎每日」，如何從事「網路式」的全部。而且，《幾乎日刊糸井新聞》是每天免費供應。

本作品爲二〇〇一年七月PHP研究所發行的版本，添加〈續．網路式〉後重新出版的作品。從〈前言〉到〈結語〉的內容，皆維持二〇〇一年當時的時代背景與人物頭銜。

網路式
インターネット的

作　　者｜糸井重里
譯　　者｜陳嫺若
設　　計｜IF OFFICE
特約編輯｜王筱玲
責任編輯｜林明月

國家圖書館出版品預行編目資料
網路式 / 糸井重里作 ; 陳嫺若譯.
– 初版 – 台北市 : 大鴻藝術合作社出版, 2016.10
240面 ; 14.8 × 21公分
譯自 : インターネット的
ISBN 978-986-93552-1-6（平裝）
1. 網路社會　2. 網際網路
541.415　　105018253

發 行 人｜江明玉
出版發行｜大鴻藝術股份有限公司　合作社出版
台北市103大同區鄭州路87號11樓之2
電話：（02）2559-0510　傳真：（02）2559-0502
E-mail：hcspress@gmailt.com
總 經 銷｜高寶書版集團
台北市114內湖區洲子街88號3F
電話：（02）2799-2788　傳真：（02）2799-0909

2016年10月初版
定價300元
Printed in Taiwan

最新合作社出版書籍相關訊息與意見流通，請加入Facebook粉絲頁　臉書搜尋：合作社出版